Impressum
Verlag: BABADADA GmbH, Nedderfeld 112 , 22529 Hamburg
Geschäftsführer / Verlagsleitung: Harald Hof
Druck: Books on Demand GmbH, In de Tarpen 42, 22848 Norderstedt

Imprint
Publisher: BABADADA GmbH, Nedderfeld 112 , 22529 Hamburg, Germany
Managing Director / Publishing direction: Harald Hof
Print: Books on Demand GmbH, In de Tarpen 42, 22848 Norderstedt

koulu

ቤት-ትምህርቲ

jakaa
መቀለ

luokkahuone
ክፍሊ ክላስ

taulu
ሰሌዳ

koulunpiha
ቀጽሪ ቤት-ትምህርቲ

opettaja
መምህር

paperi
ወረቐት

kirjoittaa
ጸሓፈ

kynä
መጽሓፊ

kirjoituspöytä
ጣውላ ምጽሓፍ

viivoitin
መስመር

kirja
መጽሓፍ

oppilas
ተመሃራይ

reppu

ሳንጣ ትምህርቲ

penaali

ሰፈር ብርዒ

lyijykynä

ርሳስ

kynänteroitin

መብልሒ ርሳስ

pyyhekumi

መደምሰሲ

piirustuslehtiö

ጥራዝ ስእሊ

piirustus

ስእሊ

pensseli

ብርዒ ቀለም

vesivärit

ቦክስ ቀለም

sakset

መቐስ

liima

መጣበቒ

harjoituskirja

ጥራዝ መላመዲ

kotitehtävä

ዕዮ ገዛ

luku

ቁጽሪ

lisätä

ወሰኸ

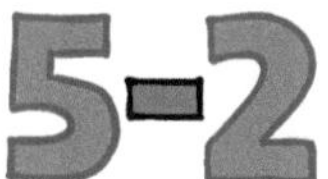

vähentää

ጎደለ

kertoa

ረብሐ

laskea

ደመረ

kirjain

ፊደል

aakkoset

ስርዓት ፊደላት

sana

ቃል

teksti

ጽሑፍ

lukea

ኣንበበ

liitu

ኲርሽ

oppitunti

ሰዓት

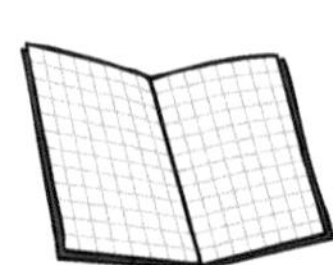

opettajan muistikirja

መዝገብ ክላስ

koe

መርመራ

todistus

ሰርቲፊከት

koulupuku

ድቢዣ ቤትትምህርቲ

koulutus

ትምህርቲ

sanakirja

ለክሲኮን

yliopisto

ዩኒቨርሲቲ

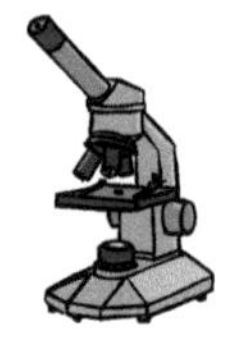

mikroskooppi

ሚክሮስኮፕ

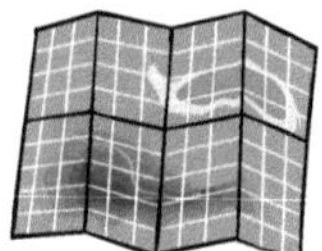

kartta

ካርታ

roskakori

ጎሓፍ ወረቐት

matka

መገሻ

hotelli
መቐበሊ ኣጋይሽ

retkeilymaja
ሆስተል

rahanvaihto
ቦታ ቅያር ገንዘብ

matkalaukku
ባሊጃ

auto
መኪና

kieli

ቋንቋ

kyllä / ei

እወ / ኖ

selvä

ሕራይ

hei

ሰላም

tulkki

ኣስተርጓሚ

kiitos

የቐንየለይ

Paljonko...maksaa?

....

. . . ክንደይ ዋግኡ?

en ymmärrä

....

ኣይተረድኣኹን

ongelma

....

ሽግር

Hyvää iltaa!

....

ሰላም ምሸት!

Hyvää huomenta!

....

ከመይ ሓዲርካ

Hyvää yötä!

....

ሰላም ለይቲ

näkemiin

....

ደሓን ኩን

suunta

....

ኣንፈት

matkatavarat

....

ጕዓዝ

laukku

....

ሳንጣ

reppu

....

ሳንጣ ሕቖ

vieras

....

ጋሻ

huone

....

ክፍሊ

makuupussi

....

ክሻ መደቐሲ

teltta

....

ቴንዳ

turisti-info

ሓበሬታ በጻሕቲ ሃገር

ranta

ገምገም ባሕሪ

luottokortti

ክረዲት ካርድ

aamupala

ቁርሲ

lounas

ምሳሕ

päivällinen

ድራር

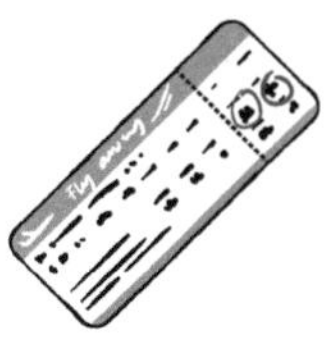

matkalippu

ቲከት

hissi

ሊፍት

postimerkki

ማሕተም ደብዳበ

raja

ዶብ

tulli

ድጓና

suurlähetystö

ኣምበሲ

viisumi

ቪዛ

passi

ፓስፖርት

kuljetus

መጓዓዝያ

lentokone
ነፋሪት

laiva
መርከብ

paloauto
መኪና መጥፋኢ ሓዊ

kuorma-auto
ናይ ጽዕነት መኪና

linja-auto
ኣውቶቡስ

moottorivene
ጃልባ ሞቶር

polkupyörä
ብሽግለታ

auto
መኪና

lautta
ፈሪ

vene
ጃልባ

moottoripyörä
ሞቶ

poliisiauto
መኪና ፖሊስ

kilpa-auto
መኪና ቅድድም

vuokra-auto
ክራይ መኪና

car sharing

....

ምውፋይ መካይን

hinausauto

....

መወሰዲ መኪና

roska-auto

....

መኪና ጎሓፍ

moottori

....

ሞቶር

polttoaine

....

ነዳዲ

huoltoasema

....

እንዳ ነዳዲ

liikennemerkki

....

ምልክት ትራፊክ

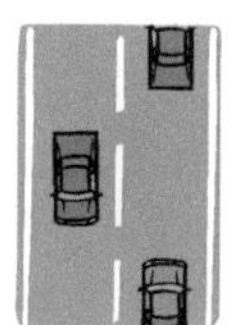

liikenne

....

ትራፊክ

ruuhka

....

ምጭቕጫቕ ትራፊክ

parkkipaikka

....

መዐሸጊ መኪና

rautatieasema

....

መዕረፊ ባቡር

raiteet

....

ሓዲግ

juna

....

ባቡር

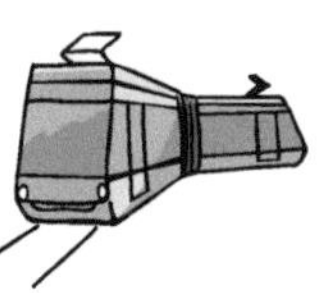

raitiovaunu

....

ትረም

vaunu

....

ባጎኒ

helikopteri

ሄሊኮፕተር

lentokenttä

መዓርፎ ነፈርቲ

lähilennonjohto

ታወር

matkustaja

ተጓዓዚ

kontti

ኮንተይነር

pahvilaatikko

ሳንዱቕ ካርቶን

kärryt

ኮርሳ ጽዕነት

kori

ዘንቢል

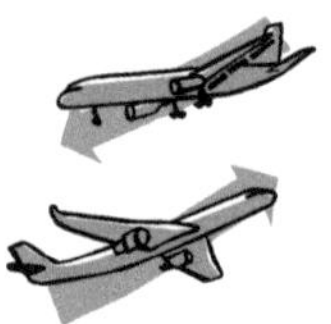

nousta / laskea

ተበገሰ / ዓለበ

kaupunki

ከተማ

kylä

ቍሸት

keskusta

ማእከል ከተማ

talo

ገዛ

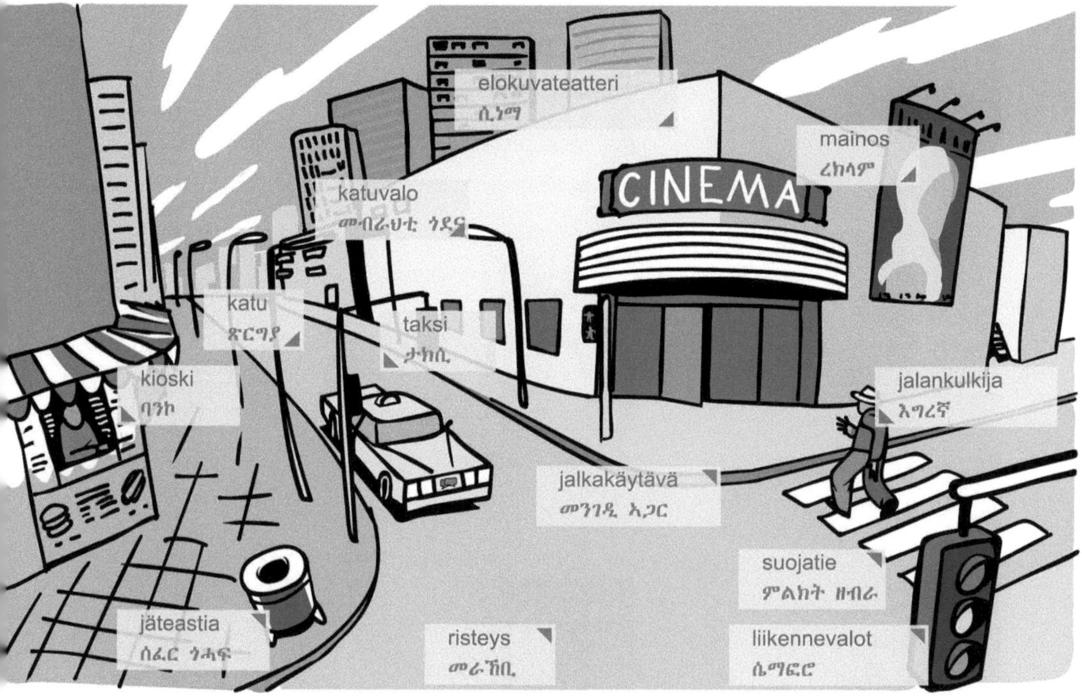

elokuvateatteri
ሲነማ

mainos
ረክላም

katuvalo
መብራህቲ ጎደና

katu
ጽርግያ

taksi
ታክሲ

kioski
ባንኮ

jalankulkija
እግረኛ

jalkakäytävä
መንገዲ ኣጋር

suojatie
ምልክት ዘብራ

jäteastia
ሰፈር ጎሓፍ

risteys
መራኸቢ

liikennevalot
ሴማፎሮ

mökki

ኣጕዶ

kerrostalo

ኣፓርትመንት

rautatieasema

መዕረፊ ባቡር

kaupungintalo

ቤት ምምሕዳር

museo

ቤተ መዘክር

koulu

ቤት-ትምህርቲ

yliopisto

ዩኒቨርሲቲ

pankki

ባንክ

sairaala

ሆስፒታል

hotelli

መቐበሊ ኣጋይሽ

apteekki

ቤት መድሃኒት

toimisto

ቤት ጽሕፈት

kirjakauppa

ዱኳን መጽሓፍቲ

liike

ዱኳን

kukkakauppa

ዱኳን ዕንባባ

supermarketti

ሱፐርማርከት

tori

ዕዳጋ

tavaratalo

ሹቕ

kalakauppias

ነጋዳይ ዓሳ

ostoskeskus

ሹቕ

satama

መርሳ

puisto

መዘናግዒ

penkki

ባንኪ

silta

ድልድል

portaat

መደያይቦ

metro

ባቡር ትሕቲ ምድሪ

tunneli

ቢንቶ

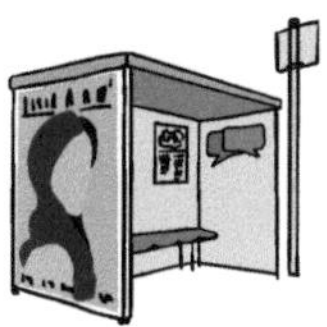

linja-autopysäkki

መዕረፊ ኣውቶቡስ

baari

ቤት መስተ

ravintola

ቤት-መግቢ

postilaatikko

ሰታሪት

katukyltti

ታቤላ

parkkimittari

ሰዓት ፓርኪንግ

eläintarha

መካነ እንስሳታት

uimala

መሓምበሲ

moskeija

መስጊድ

maatila
ቤት ሕርሻ

ympäristön saastuminen
ብከላ

hautausmaa
መቓብር

kirkko
ቤተክርስትያን

leikkikenttä
ቦታ ምጽዋት

temppeli
ቤት መቕደስ

maisema

ስእሊ መሬት

lehti
ኣቑጽልቲ

tienviitta
መሕበሪ መገዲ

tie
መገዲ

niitty
ሾኻ

kivi
እምኒ

retkeilijä
ኮብላሊ

puu
ኣግራብ

joki
ፈለግ

ruoho
ሰዓሪ

kukka
ዕንባባ

laakso

ስንጭሮ

vuori

ጎቦ

järvi

ቀላይ

metsä

ዱር

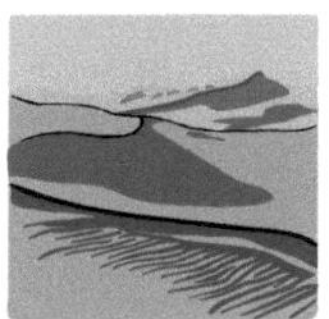

aavikko

ምድሪ በዳ

tulivuori

እሳተ-ጎመራ

linna

ግምቢ

sateenkaari

ቀስተ-ደመና

sieni

ቃንጥሻ

palmu

ዓርኮብኮባይ

hyttynen

ጣንጡ

kärpänen

ሃመማ

muurahainen

ጻጸ

mehiläinen

ንህቢ

hämähäkki

ሳሬት

kovakuoriainen

ሕንዚዝ

sammakko

ዕንቅርዖብ

orava

ምጽጹላይ

siili

ቅንፍዝ

jänis

ማንቲለ

pöllö

ጉንጓ

lintu

ጭሩ

joutsen

ስዋን

villisika

መፍለስ

peura

ዓጋዘን

hirvi

ሙስ

pato

ግድብ

tuulimylly

ተርባይን ንፋስ

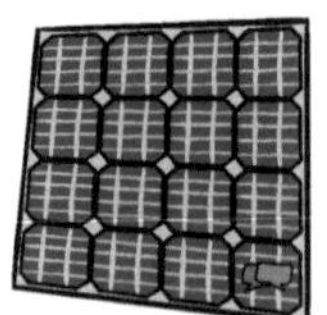

aurinkopaneeli

ሶላር ስርሓት

ilmasto

ኩነታት ኣየር

ravintola

ቤት-መግቢ

tarjoilija
አሰላፊ

ruokalista
ካርታ መግብታት

tuoli
መንበር

keitto
መረቕ

pitsa
ፒትሳ

pöytäliina
ክዳን ጣውላ

ruokailuvälineet
መመታተሪ

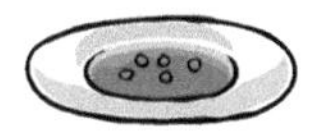

alkuruoka

ቅድመ ቀንዲ መግቢ

pääruoka

ቀንዲ መኣዲ

jälkiruoka

ድሕረ መግቢ

juomat

መስተ

ruoka

መግቢ

pullo

ጥርሙዝ

pikaruoka

ስሉጥ መግቢ

katuruoka

መግቢ ጽርግያ

teekannu

ብርጭቆ ሻሂ

sokeriastia

ታኒካ ሽኮር

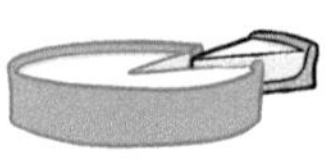

annos

ክፋል

espressokeitin

ማሺን ኤስፕረሶ

syöttötuoli

ነዊሕ መንበር

lasku

ጸብጻብ

tarjotin

ታብለት

veitsi

ካራ

haarukka

ፋርኪታ

lusikka

ማንካ

teelusikka

ማንካ ሻሂ

servietti

ሰርቭየተ

lasi

ብኬሪ

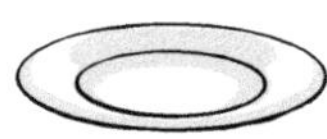

lautanen

ሽሓኒ

syvä lautanen

ሽሓኒ መረቕ

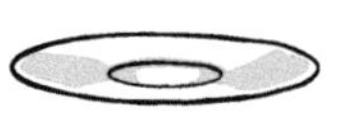

aluslautanen

ትሕቲ ኩባያ

kastike

ጸብሒ

suolasirotin

ወሃቢ ጨው

pippurimylly

መጥሓን በርበረ

etikka

ኣቸቶ

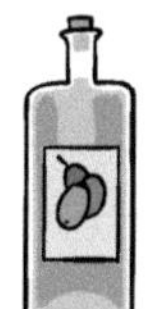

öljy

ዘይቲ

mausteet

ቀመም

ketsuppi

ከቹፕ

sinappi

ኣድሪ

majoneesi

ማዮኒዝ

supermarketti

ሱፐርማርኬት

tarjous
ወፈያ
FOR
asiakas
ዓሚል
maitotuotteet
ፍርያታት ጸባ
hedelmät
ፍረታት
ostoskärryt
ሰረገላ ዱኳን

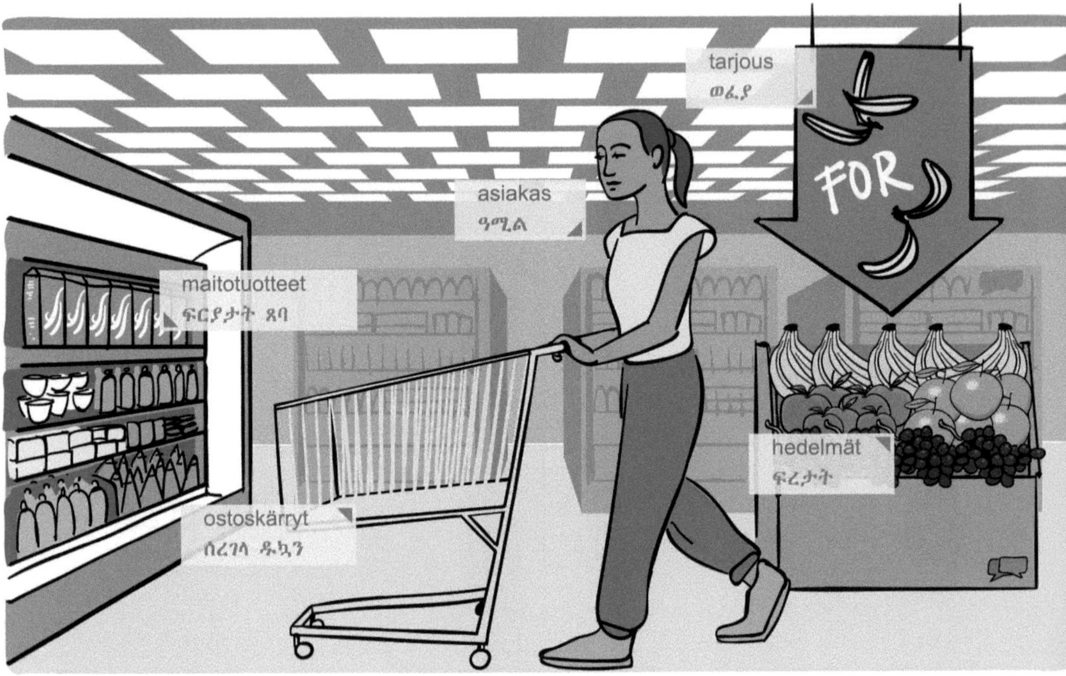

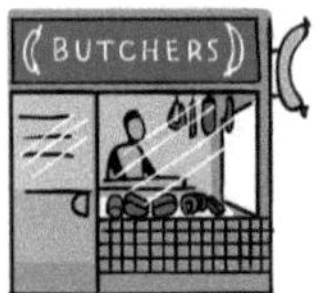

BUTCHERS

teurastamo

እንዳ ስጋ

BAKERY

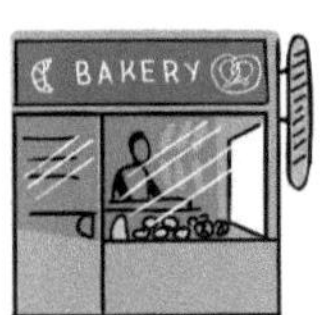

leipomo

እንዳ ባኒ

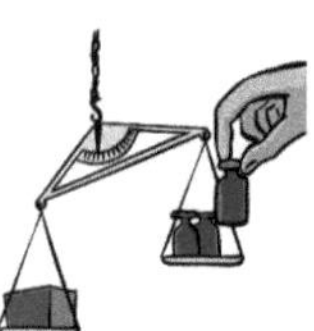

punnita

ክብደት

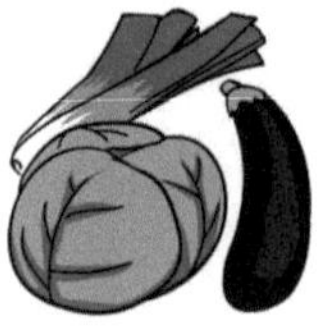

kasvikset

ኣሕምልቲ

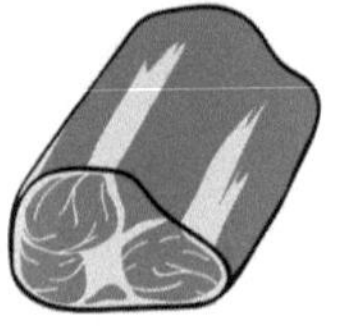

liha

ስጋ

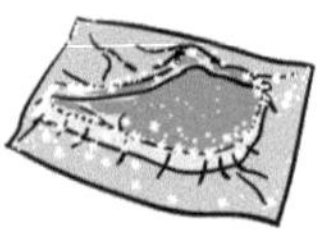

pakasteet

መግቢ ፍሪጅ በረድ

leikkele

ዝሑል ቅሩብ መግቢ

säilykkeet

እስቃጥላ

pesujauhe

ኦሞ

makeiset

ምቁር መግቢ

kotitaloustarvikkeet

ዘቤታውያን ኣቕሑ

puhdistusaineet

ናውቲ መጸረዪ

myyjä

ሸቃጣይ

kassa

ካሳ

kassanhoitaja

ተሓዝ ገንዘብ

ostoslista

ዝርዝር ምግዛእ

aukioloajat

ክፉት ሰዓታት

lompakko

ማሕፉዳ

luottokortti

ክረዲት ካርድ

kassi

ሳንጣ

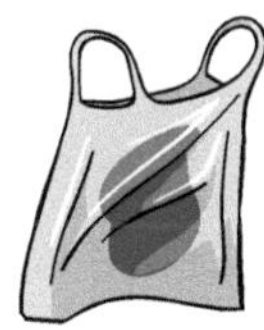

muovipussi

ፌስታል

juomat

መስተ

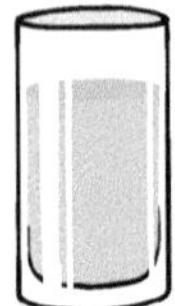

vesi

ማይ

mehu

ጽማቕ

maito

ጸባ

kokis

ኮላ

viini

ነቢት

olut

ቢራ

alkoholi

አልኮል

kaakao

ካካው

tee

ሻሂ

kahvi

ቡን

espresso

ኤስፕረሶ

cappuccino

ካፑቺኖ

banaani

ባናና

omena

ቱፋሕ

appelsiini

ኣራንሺ

meloni

ብርጭቕ

sitruuna

ለሚን

porkkana

ካሮት

valkosipuli

ጻዕዳ ሽጉርቲ

bambu

ባምቡስ

sipuli

ሽጉርቲ

sieni

ቅንጥሻ

pähkinät

ፉል

spagetti

ፓስታ

spagetti

....

ስፓገቲ

riisi

....

ሩዝ

salaatti

....

ሰላጣ

ranskalaiset

....

ቅልዋ ድንሽ

paistetut perunat

....

ቅሉው ድንሽ

pitsa

....

ፒትሳ

hampurilainen

....

ሃምቡርገር

voileipä

....

ፓኒኖ

leike

....

ቢስተካ

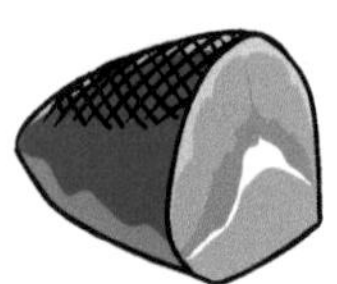

kinkku

....

ሰለፍ ሓሰማ

salami

....

ሳላሚ

makkara

....

ግዕዝም

kana

....

ደርሆ

paisti

....

ቀለወ

kala

....

ዓሳ

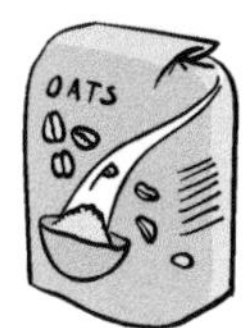

kaurahiutaleet

ገዓት

mysli

ሙስሊ

murot

ኮርንፍለይክስ

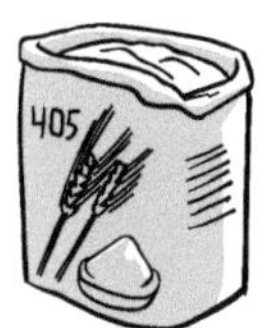

jauho

ሓርጭ

voisarvi

ክሮሶን

sämpylä

ባኒ

leipä

ባኒ

paahtoleipä

ቶስት

keksit

ብሽኮቲ

voi

ጠስሚ

rahka

ርግኦ

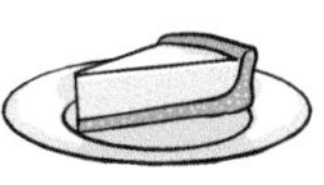

kakku

ፓስተ

kananmuna

እንቋቑሖ

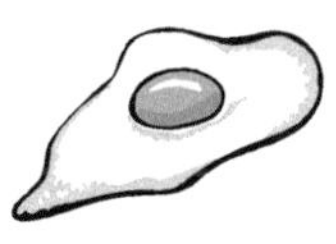

paistettu kananmuna

ቅሉው እንቋቑሖ

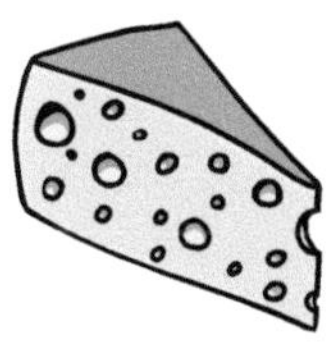

juusto

ፋርማጆ

jäätelö

አይስ ክሪም

sokeri

ሽኮር

hunaja

መዓር

hillo

ጀም

suklaapähkinälevite

ኑጋት-ክረም

curry

ኩሪ

maatila

ቤት ሕርሻ

maatila
ቤት ሕርሻ

lato; liiteri
መኽዘን

heinäpaali
ሓሰር ቦንዳ

pelto
ግራት

hevonen
ፈረስ

peräkärry
ተስሓቢ

traktori
ትራክተር

varsa
ዒሉ

aasi
ኣድጊ

lammas
በጊዕ

karitsa
ዕየት

vuohi
ጤል

lehmä
ብዕራይ

vasikka
ምራኽ

sika
ሓሰማ

porsas
ውላድ ሓሰማ

sonni
ኣርሓ

hanhi

ዓዓ

ankka

ማይ ደርሆ

tipu

ጫቖት

kana

ደርሆ

kukko

ኣርሓ ደርሆ

rotta

ኣንጨዋ ዓባይ

kissa

ድሙ

hiiri

ኣንጭዋ

härkä

ብዕራይ

koira

ከልቢ

koirankoppi

ኣጉዶ ከልቢ

puutarhaletku

ቱባ ጀርዲን

kastelukannu

መዝፈፊ ማይ

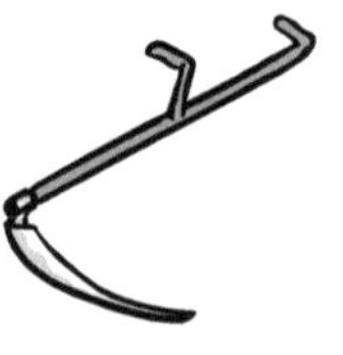

viikate

ዓቢ ማዕጺድ

aura

ማሕረሻ

sirppi

ማዕጺድ

kuokka

ጭኽሮ

talikko

መስአ

kirves

ፋስ

kottikärryt

ዓረብያ ኢድ

kaukalo

ጋብላ

maitokannu

ብርጭቆ ጸባ

säkki

ክሻ

aita

ሓጹር

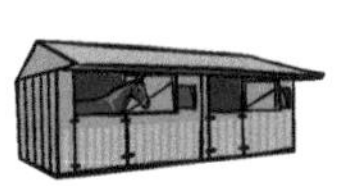

talli

መንሰስ

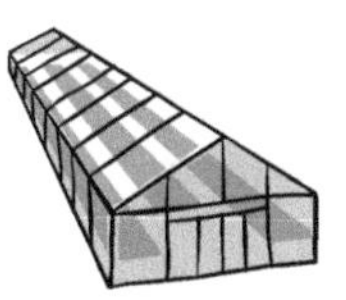

kasvihuone

ቐጠልያ ገዛ

maa

ባይታ

siemen

ዘርኢ

lannoite

ድኹዒ

leikkuupuimuri

ዘጣምር ቀውዓይ

kerätä sato

....

ቀውዐ

sato

....

ጻማ

jamssit

....

ድንሽ ያም

vehnä

....

ስርናይ

soija

....

ሶያ

peruna

....

ድንሽ

maissi

....

ዕፉን

rypsi

....

ራፕስ

hedelmäpuu

....

ገረብ ፍረታት

maniokki

....

ማኒኦክ

vilja

....

ኣእኻል

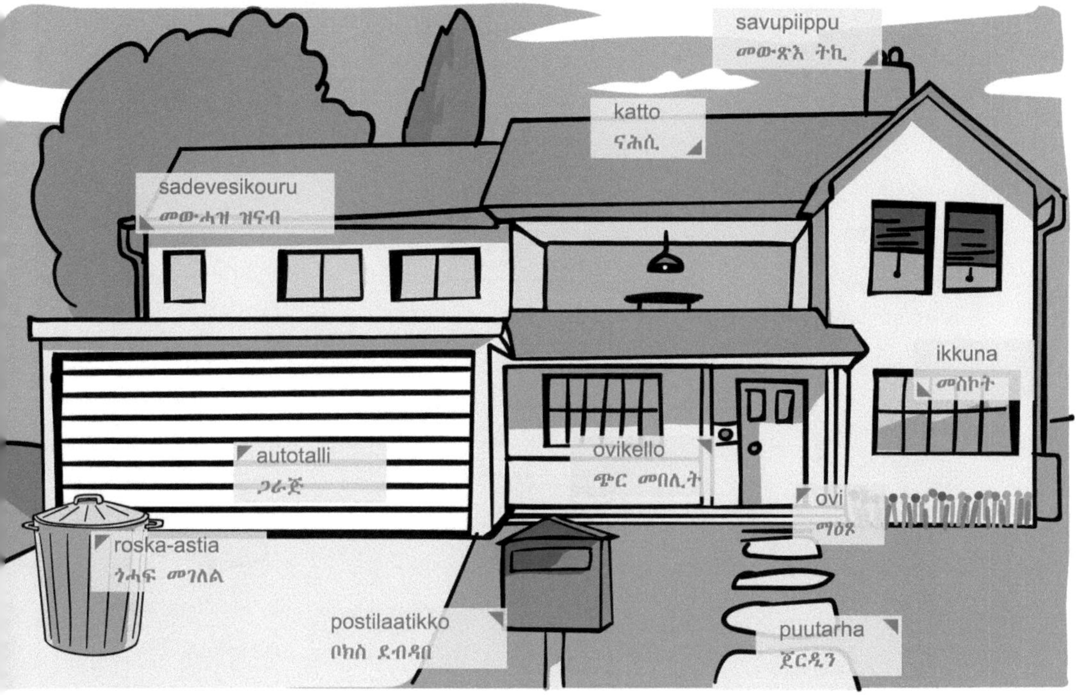

olohuone

ክፍሊ ምቕማጥ

kylpyhuone

ክፍሊ ባንዮ

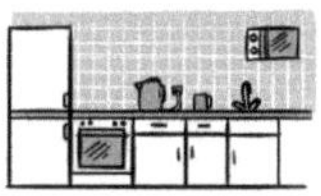

keittiö

ክሽነ

makuuhuone

ክፍሊ መደቀሲ

lastenhuone

ክፍሊ ቆልዑ

ruokahuone

መመገቢ ክፍሊ

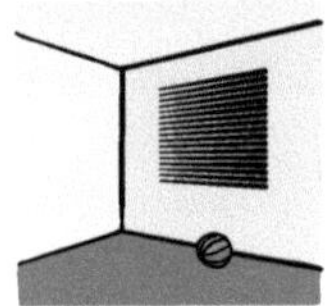

lattia

ባይታ

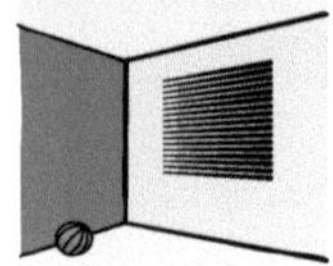

seinä

መንደቕ

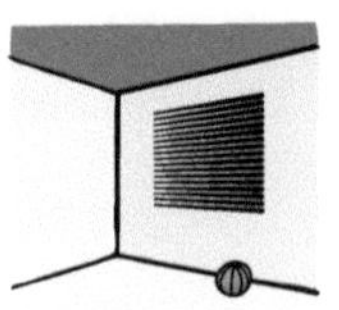

katto

ከቦርታ

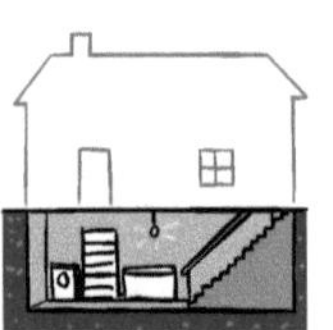

kellari

ካንቲና

sauna

ሳውና

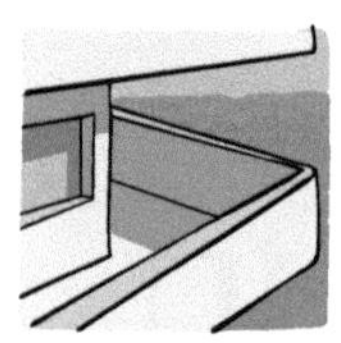

parveke

ባልኮን

terassi

ዛላ

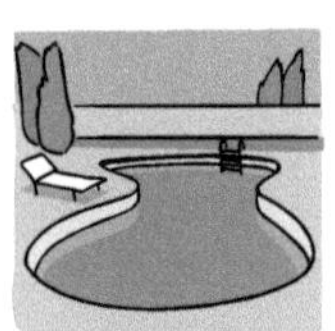

uima-allas

መሕምበሲ

ruohonleikkuri

መቑረጺ ሳዕሪ

lakana

ኣንሶላ ዓራት

päiväpeitto

ከቦርታ ዓራት

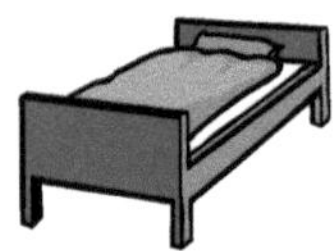

sänky

ዓራት

harja

መኾስተር

ämpäri

መገለል

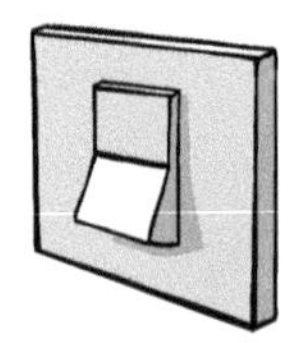

katkaisin

መወልዒት

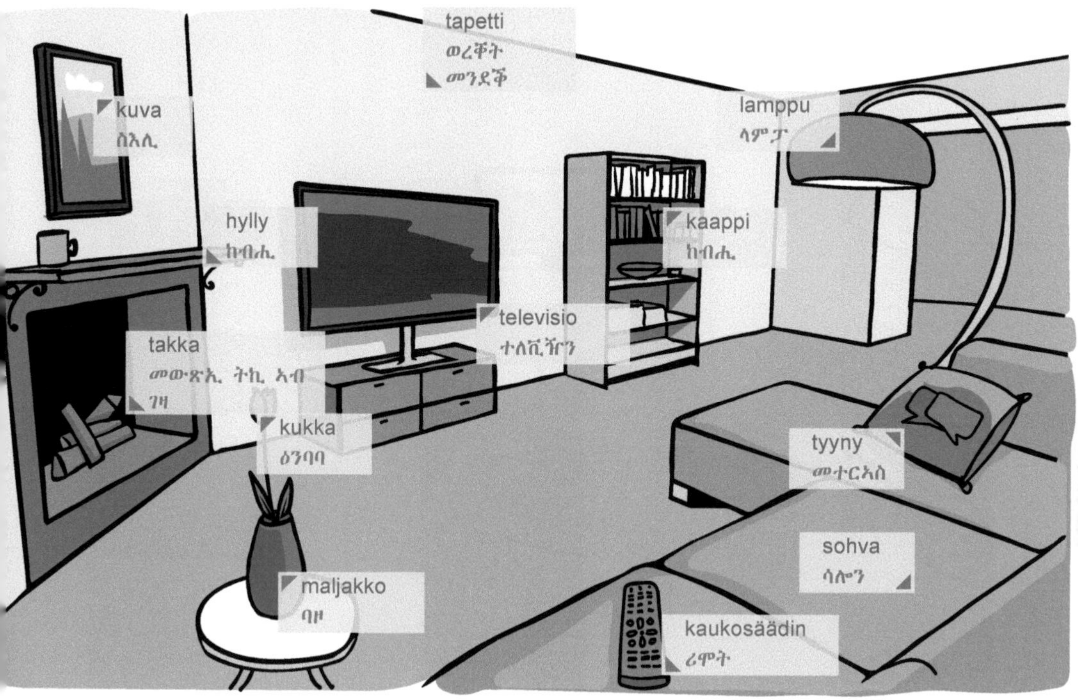

tapetti
ወረቐት መንደቕ

kuva
ስእሊ

lamppu
ላምፓ

hylly
ከብሒ

kaappi
ከብሒ

televisio
ተለቪዥን

takka
መውጽኢ ትኪ ኣብ ገዛ

kukka
ዕንባባ

tyyny
መተርኣስ

sohva
ሳሎን

maljakko
ባዞ

kaukosäädin
ሪሞት

matto
....
መንጸፍ

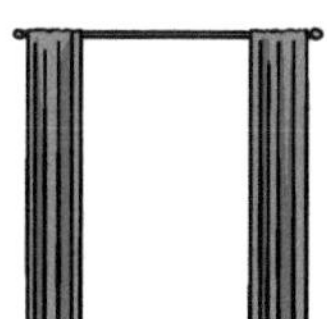
verho
....
መጋረጃ

pöytä
....
ጣውላ

tuoli
....
መንበር

keinutuoli
....
ሰለል ዝብል መንበር

nojatuoli
....
መንበር ምቹእ

kirja

መጽሓፍ

peitto

ክቦርታ

koriste

ስልማት

polttopuut

እንጨይቲ ሓዊ

elokuva

ፊልም

stereot

ስተረዮ

avain

መፍትሕ

sanomalehti

ጋዜጣ

maalaus

ቕብኣ

juliste

ፖስተር

radio

ረድዮ

muistivihko

ጥራዝ

pölynimuri

መልገሲ ደሮና

kaktus

በለስ

kynttilä

ሽምዓ

keittiö
ክሽነ

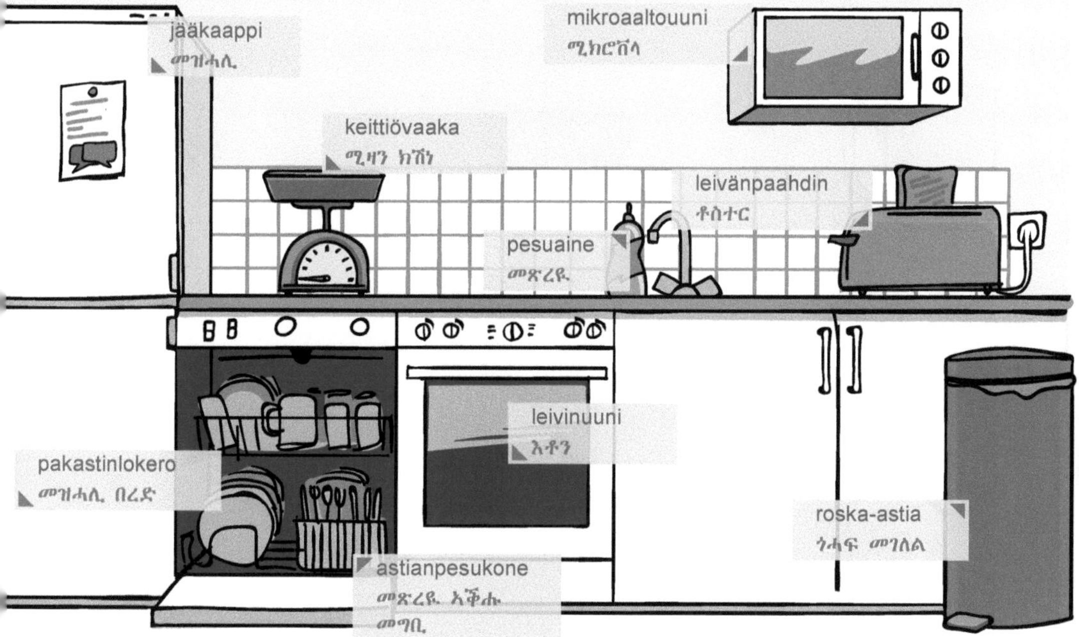

jääkaappi
መዝሓሊ

mikroaaltouuni
ሚክሮቨላ

keittiövaaka
ሚዛን ክሽነ

leivänpaahdin
ቶስተር

pesuaine
መጽረዪ

leivinuuni
እቶን

pakastinlokero
መዝሓሊ በረድ

roska-astia
ጐሓፍ መገለል

astianpesukone
መጽረዪ ኣቕሑ መግቢ

liesi

መኽሸኒ

kattila

ድስቲ

rautapata

ድስቲ ሓጺን

vokkipannu / kadai-pannu

ቮክ/ካዳይ

paistinpannu

ባደላ

teepannu

መውዓዪ ማይ

höyrykeitin

መፍልሒ

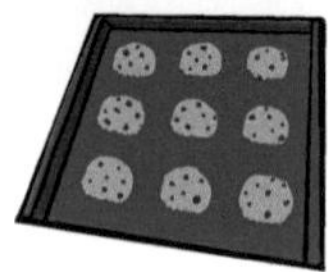

uunipelti

ጓንቴራ ምስንካት

astiat

ኣቕሑ መግቢ

muki

ብርጭቆ

kulho

ጭሖሎ

syömäpuikot

ማንካቺና

kauha

ማንካ መረቕ

paistinlasta

መገልበጢ ባደላ

vispilä

መኾስተር ውርጪ

siivilä

መንፊት መግቢ

siivilä

መንፊት

raastin

መፋሕፍሒ

mortteli

ሞርታር

grilli

ባርቢክዩ

avotuli

ስፍራ ሓዊ

leikkuulauta

እንጨይቲ ምምታር

kaulin

እንጨይቲ ኰረር

korkinavaaja

መኽፈት ቡሽ

purkki

ታኒካ

purkinavaaja

መኽፈቲ ታኒካ

pannulappu

ጨርቂ ድስቲ

lavuaari

ቡምባ

tiskiharja

ኣስባስላ

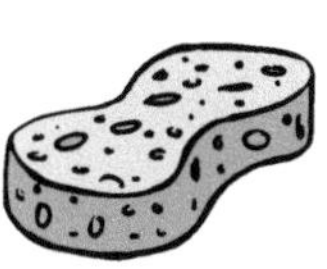

pesusieni

ሰፍነግ

tehosekoitin

ሓዋሲ ኣደባላቒ

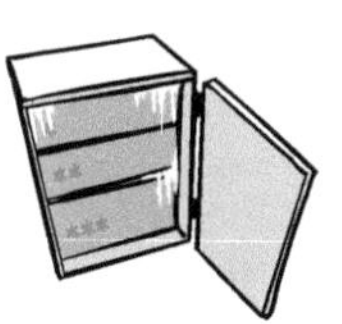

pakastin

መዝሓሊ በረድ

tuttipullo

ጥርሙዝ ማማይ

vesihana

ቡምባ ማይ

kylpyhuone

ክፍሊ ባንዮ

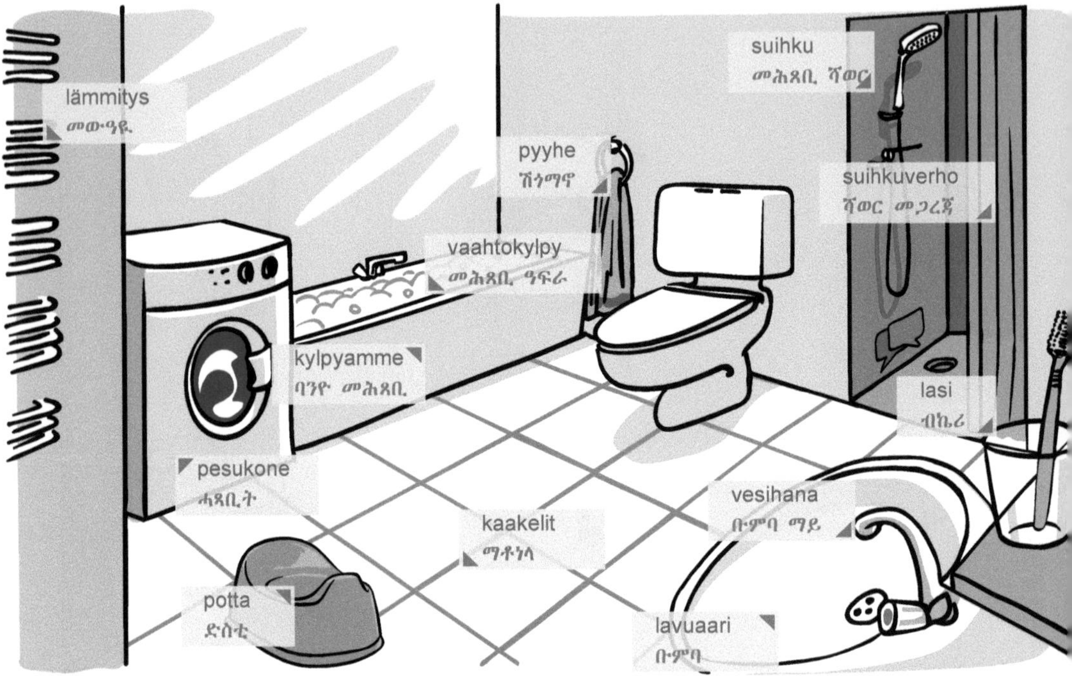

lämmitys
መውዓዪ
suihku
መሕጸቢ ሻወር
pyyhe
ሽጎማኖ
suihkuverho
ሻወር መጋረጃ
vaahtokylpy
መሕጸቢ ዓፍራ
kylpyamme
ባንዮ መሕጸቢ
lasi
ብኬሪ
pesukone
ሓጻቢት
kaakelit
ማቶነላ
vesihana
ቡምባ ማይ
potta
ድስቲ
lavuaari
ቡምባ

vessa

ሽቓቕ

kyykkyvessa

ሽቓቕ ኮፍ

bidee

በዴ

pisuaari

ሽቓቕ ተባዕታይ

vessapaperi

ወረቐት ሽቓቕ

vessaharja

ኣስባስላ ሽቓቕ

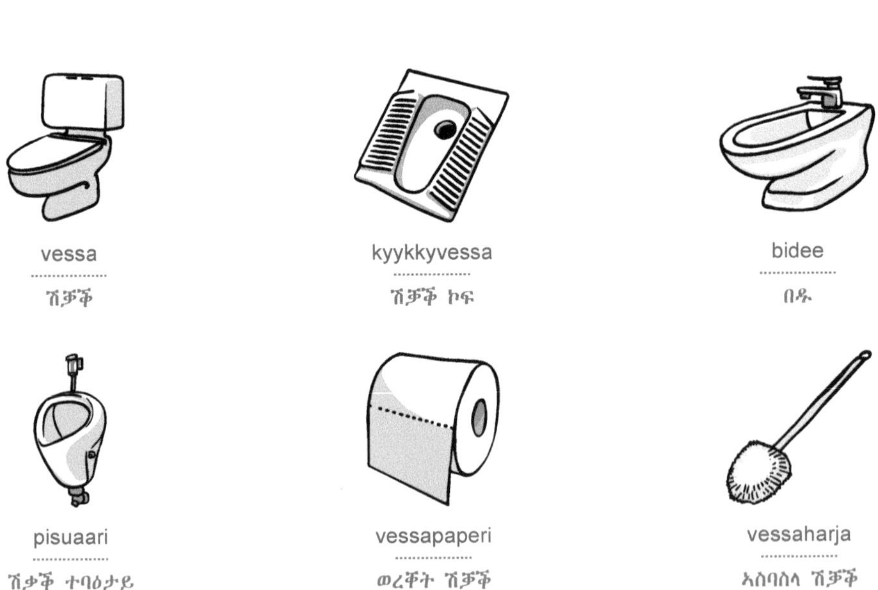

hammasharja

....

ኣስባስላ ስኒ

hammastahna

....

ክሬማ ስኒ

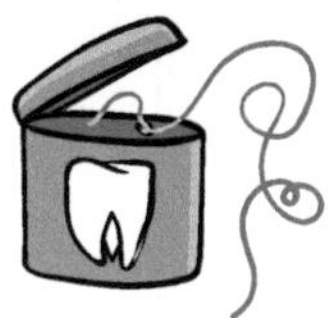

hammaslanka

....

ሃሪ ስኒ

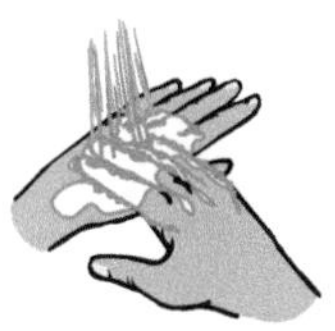

pestä

....

ሓጸበ

käsisuihku

....

ዱሽ ኢድ

intiimisuihku

....

ዱሽ

pesuvati

....

ብርጭቆ ምሕጻብ

selkäharja

....

ኣስባስላ ሕቖ

saippua

....

ሳምና

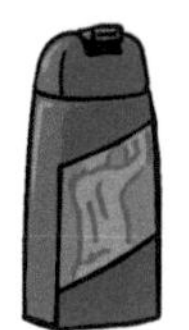

suihkugeeli

....

ሻወር ጀል

shampoo

....

ሻምፑ

pesulappu

....

ጨርቂ መሕጸቢ

viemäri

....

መውሓዚ

voide

....

ክሬማ

deodorantti

....

ደዮ ጨና

peili

መስትያት

käsipeili

ናይ ኢድ መስትያት

partaveitsi

መላጸ

partavaahto

ዓፍራ ምልጻይ

partavesi

ጨና ድሕሪ ምልጻይ

kampa

መመሸጥ

harja

ኣስባስላ

hiustenkuivaaja

መንቐጺ ጸጉሪ

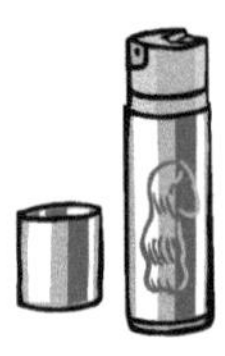

hiuslakka

ስፕረይ ጸጉሪ

meikki

መመላኽዒ

huulipuna

ብርዒ ቀለም ከንፈር

kynsilakka

ኣዝማልቶ

pumpuli

ጸምሪ ጡጥ

kynsisakset

መስደዲ ጽፍሪ

hajuvesi

ጨና

kosmetiikkalaukku

ሳንጣ መሕጸቢ

jakkara

ድኳ

vaaka

ሚዛን

kylpytakki

ክዳን መሕጸቢ

kumihansikkaat

ጓንቲ መጸረዪ

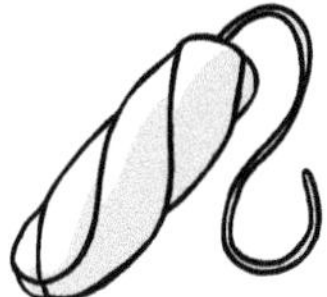

tamponi

ታምፖን

terveysside

ጨርቂ ሰበይቲ

kemiallinen wc

ሽቓቕ ኬሚስትሪ

lastenhuone

ክፍሊ ቆልዑ

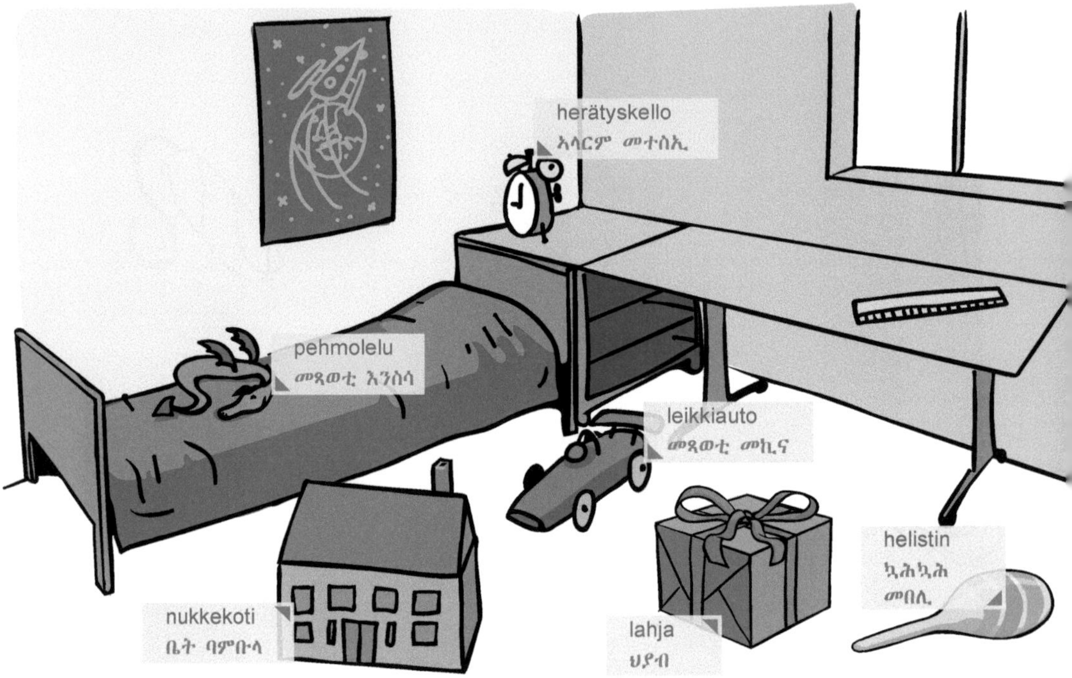

herätyskello
ኣላርም መተስኢ

pehmolelu
መጻወቲ እንስሳ

leikkiauto
መጻወቲ መኪና

helistin
ኳሕኳሕ
መበሊ

nukkekoti
ቤት ባምቡላ

lahja
ህያብ

ilmapallo

ባላንችና

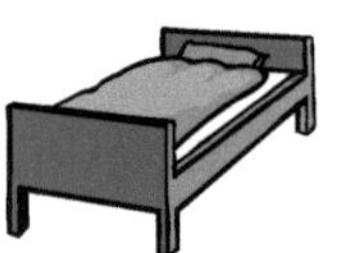

sänky

ዓራት

lastenvaunut

ሰረገላ ህጻን

korttipeli

ጸወታ ካርታ

palapeli

ሕንቅሊተይ

sarjakuva

ኮሜዲ

legopalikat

እምንታት መጻወቲ ለጎ

rakennuspalikat

መጻወቲ እምንታት

supersankari

በዓል ኣክቾን

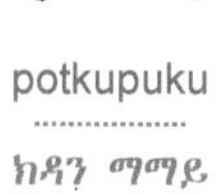

potkupuku

ክዳን ማማይ

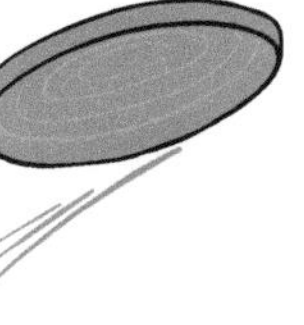

frisbee

ፍሪስቢ

mobile

ሞባይል ማማይ

lautapeli

ጸወታ ሰሌዳ

noppa

ኩቦ

pienoisjunarata

ሞደል ባቡር ምድሪ

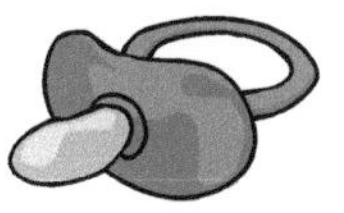

tutti

ዓባስ

juhlat

ፓርቲ

kuvakirja

መጽሓፍ ስእሊ

pallo

ኩዕሶ

nukke

ባምቡላ

leikkiä

ተጻወተ

hiekkalaatikko

መጻወቲ ሑጻ

keinu

ሰላል

lelut

መጻወቲታት

pelikonsoli

ኮንሶል ቪድዮ

kolmipyörä

መጻወቲ ሰለስተ መንኮርኮር

nalle

ተዲ

vaatekaappi

ከብሒ ክዳን

vaatteet

ክዳን

sukat

ካልስታት

nylonsukat

ነዊሕ ካልስታት

sukkahousut

ስረ ካልሲ

kaulaliina
ሻርባ
sateenvarjo
ጽላል
t-paita
ማልያ
vyö
ቁልፊ
saappaat
ረፋዕ
sisätossut
ጫማ ገዛ
lenkkarit
ስኒከርስ
sandaalit
ሸበጥ
kengät
ጫማ
kumisaappaat
ረፋዕ ጎማ
alushousut
ሙታንታ
rintaliivit
ክዳን ጡብ
aluspaita
ትሕተ ካሚቻ

body

ቦዲ

housut

ስረ

farkut

ጂንስ

hame

ቀምሽ

pusero

ካምቻ

paita

ካሚቻ

villapaita

ጉልፎ

collegepaita

ጎልፎ

jakku

ጃኬት

takki

ጃከት

takki

ጁባ

sadetakki

ክዳን ዝናብ

puku

ኮስቱም

mekko

ቀምሽ

hääpuku

ቀምሽ መርዓ

puku

ልብሲ

yöpaita

ካሚቻ ለይቲ

pyjama

ክዳን ለይቲ

shari

ሳሪ

päähuivi

መሃረብ ርእሲ

turbaani

ቱርባን

burka

ቡርካ

kaftaani

ካፍታን

abaya

ኣባያ

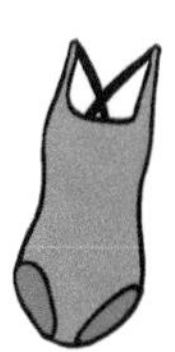

uimapuku

ክዳን መሕምበሲ

uimahousut

ስረ መሕምበሲ

shortsit

ሓጺር ስረ

verkkarit

ክዳን ታዕሊም

esiliina

በጃ ክዳን

käsineet

ጓንቲ

nappi

መልጎም

silmälasit

መነጽር

rannekoru

በንናጅር

kaulakoru

ማዕተብ

sormus

ቀለበት

korvakoru

ኩትሻ

lippalakki

ቆብዕ

ripustin

መንበሪ ጁባ

hattu

ባርነጣ

solmio

ካርራቫት

vetoketju

ሻርነጣ

kypärä

ሀልመት

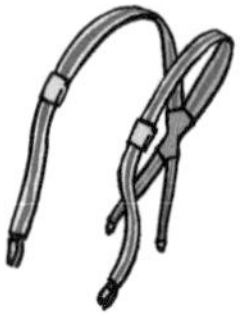

henkselit

መድልደል ስረ

koulupuku

ድቢዣ ቤትትምህርቲ

univormu

ድቢዣ

ruokalappu

ሰደርያ ቆልዓ

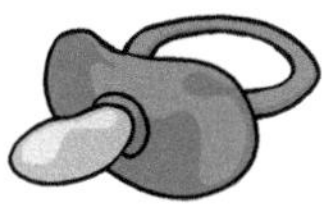

tutti

ዓባስ

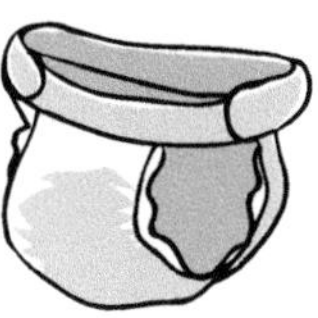

vaippa

ጨርቂ ማማይ

toimisto

ቤት ጽሕፈት

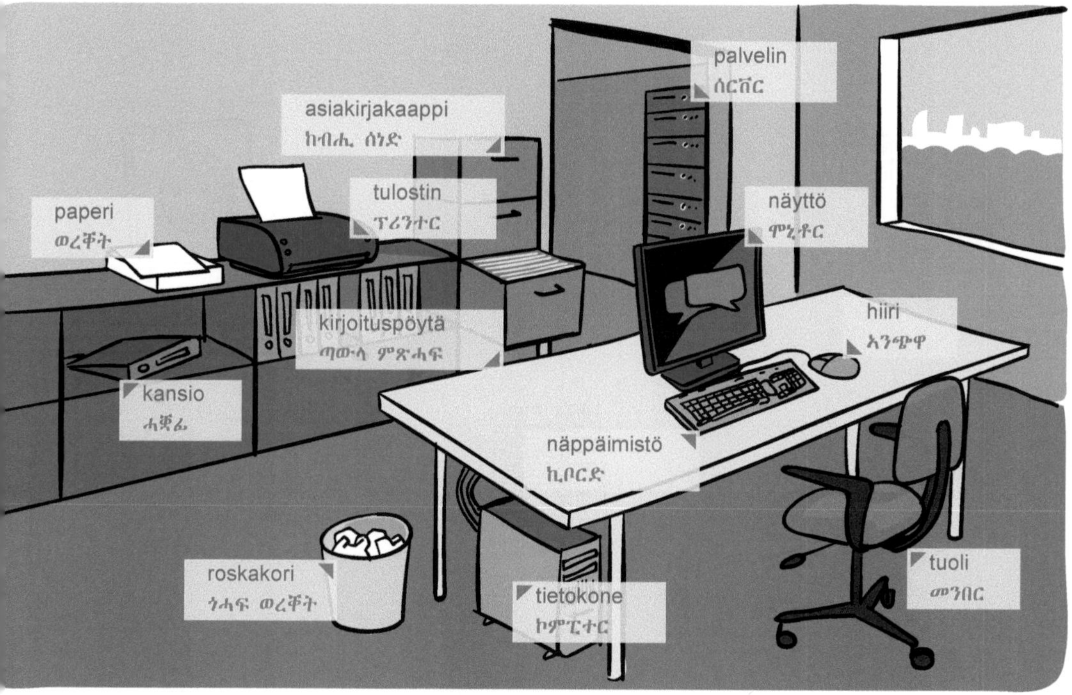

palvelin
ሰርቨር

asiakirjakaappi
ክብሒ ሰነድ

paperi
ወረቐት

tulostin
ፕሪንተር

näyttö
ሞኒቶር

kirjoituspöytä
ጣውላ ምጽሓፍ

hiiri
ኣንጭዋ

kansio
ሓቓፊ

näppäimistö
ኪቦርድ

roskakori
ጎሓፍ ወረቐት

tietokone
ኮምፒተር

tuoli
መንበር

kahvimuki

ብርጭቆ ቡን

taskulaskin

ካልኩለተር

internet

ኢንተርነት

kannettava tietokone

ለፕቶፕ

kirje

ደብዳበ

viesti

መልእኽቲ

kännykkä

ሞባይል

verkko

ነትወርክ/መርበብ

kopiokone

መቅድሒ ፎቶኮፒ

ohjelmisto

ሶፍትዌር

puhelin

ተለፎን

pistorasia

ሶከት ኳረንቲ

faksi

ፋክስ

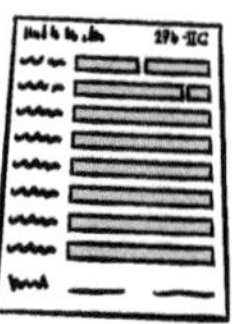

lomake

ፎርም

asiakirja

ሰነድ

talous

ቍጠባ

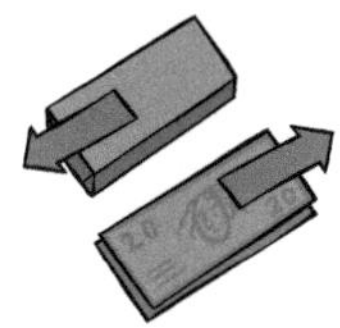

ostaa

ገዝአ

maksaa

ከፈለ

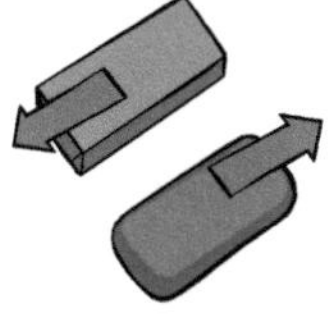

vaihtaa

ንግዲ

raha

ገንዘብ

dollari

ዶላር

euro

ኦይሮ

jeni

የን

rupla

ሩብል

frangi

ስዊዝ ፍራንክን

renminbi juan

ረንሚንቢ ዩዋን

rupia

ሩፒየ

pankkiautomaatti

መውጽኢ ማሺን ገንዘብ

rahanvaihto

ቦታ ቅያር ገንዘብ

kulta

ወርቂ

hopea

ብሩር

öljy

ዘይቲ

energia

ሓይሊ

hinta

ዋጋ

sopimus

ውዕል

vero

ቀረጽ

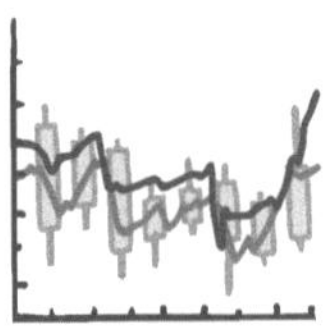

osake

እኩብ ጥረ-ነገራት

työskennellä

ሰርሐ

työntekijä

ሰራሕተኛ

työnantaja

ኣስራሒ

tehdas

ትካል

liike

ዱኳን

ammatit

ሞያታት

poliisi
በዓል ፖሊስ

palomies
መጠፈኢ ሓዊ

kokki
ከሻኒ

lääkäri
ሓኪም

lentäjä
መራሒ ነፋሪት

puutarhuri
ሰራሕተኛ ጀርዲን

puuseppä
ጸራቢ ዕንጸይቲ

ompelija
ሰፋይት

tuomari
ፈራዲ

kemisti
ቀማሚ

näyttelijä
ተዋሳኢ

linja-autonkuljettaja

መራሒ ኣዉቶቡስ

taksinkuljettaja

ኣውቲስታ ታክሲ

kalastaja

ገፋፊ ዓሳ

siivooja

ጸራጊት

katontekijä

ሃናጻይ ናሕሲ

tarjoilija

ኣሰላፊ

metsästäjä

ሃዳናይ

maalari

ሰኣላይ

leipuri

እንዳ ሕብስቲ

sähköasentaja

ኤለትሪከኛ

rakentaja

ሃናጺ ኣባይቲ

insinööri

ሃንዳሲ

teurastaja

ሰራሕተኛ እንዳ ስጋ

putkiasentaja

ድራብሊኮ

postinjakaja

ኣማላላሲ ፖስጣ

sotilas

ወተሃደር

arkkitehti

መሃንድስ

kassanhoitaja

ተሓዝ ገንዘብ

floristi

ሰራሕተኛ ዕምባባ

kampaaja

ቀምቃማይ

konduktööri

ፈተሪኖ

mekaanikko

መካኒክ

kapteeni

መራሒ መርከብ

hammaslääkäri

ሓኪም ስኒ

tiedemies

ተመራማሪ

rabbi

ራቢ

imaami

ኢማም

munkki

ፈላሲ

pappi

ቀሺ

työkalut

ናውቲ

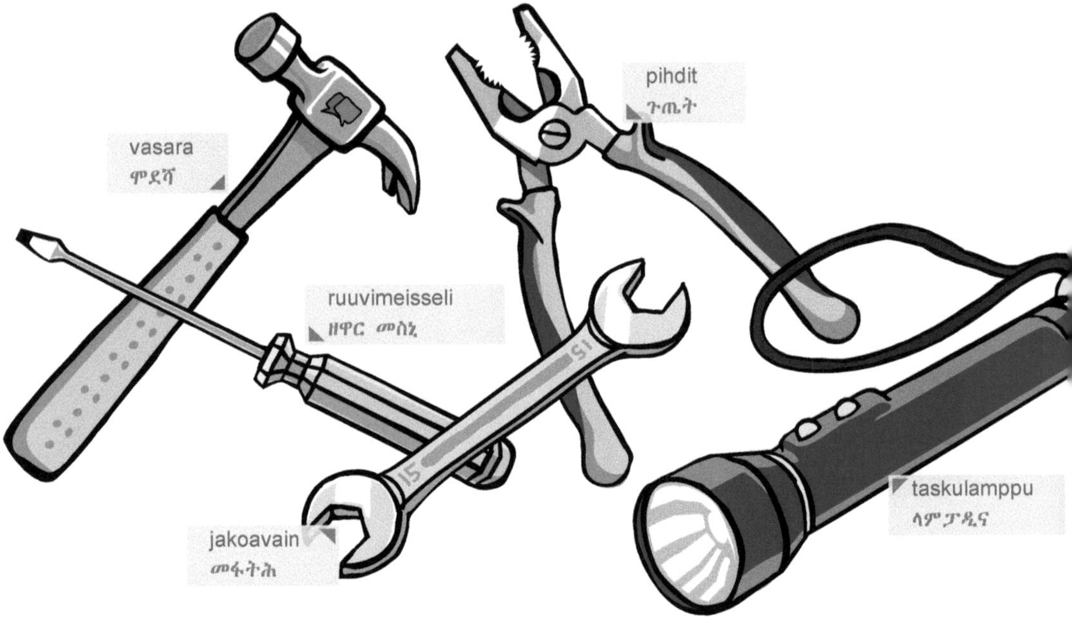

vasara
ሞደሻ

pihdit
ጉጤት

ruuvimeisseli
ዘዋር መስኺ

jakoavain
መፋትሕ

taskulamppu
ላምፓዲና

kaivinkone

ፈሓሪ

työkalupakki

ናውቲ ቦክስ

tikkaat

መደያይቦ

saha

መጋዝ

naulat

መስማር

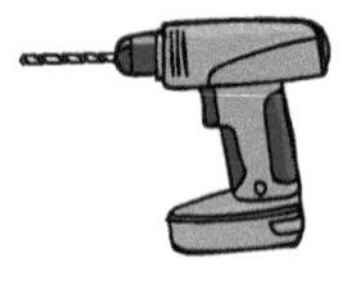

pora

ኰዓቲ

korjata

ምዕራይ

lapio

ባደላ

Hitto!

ኣይ!

rikkalapio

መትሓዚ ዶሮና

maalipurkki

ድስቲ ቀለም

ruuvit

ካቻቢቲ

soittimet

መሳርሒ ሙዚቃ

kaiuttimet
እስፒከር

rummut
ከበሮታት

kitara
ጊታር

kontrabasso
ረጒድ ዓባይ ጊታር

trumpetti
ትሮምፐት

piano

ፒያኖ

viulu

ቪዮሊን

basso

ባስ ጊታር

patarummut

ቲምንኢ

rumpu

ከበሮ

kosketinsoitin

ኦርጋን

saksofoni

ሳክሶፎን

huilu

ሻምብቆ

mikrofoni

ሚክሮፎን

eläintarha

መካነ እንስሳታት

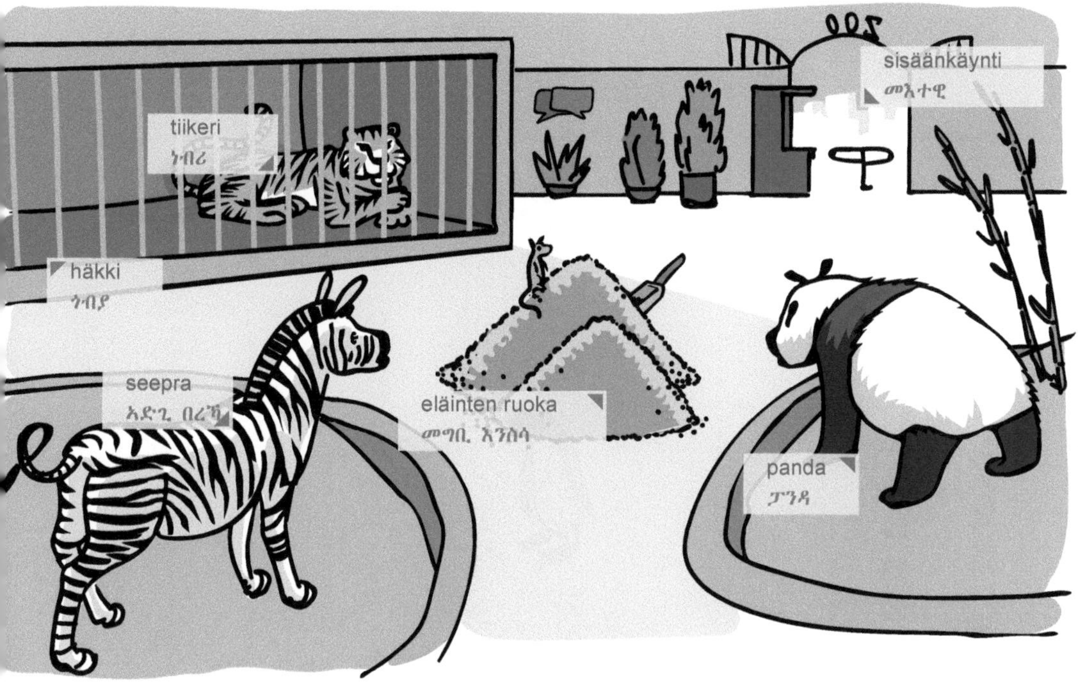

sisäänkäynti
መእተዊ

tiikeri
ነብሪ

häkki
ጎብያ

seepra
ኣድጊ በረኻ

eläinten ruoka
መግቢ እንስሳ

panda
ፓንዳ

eläimet
እንስሳታት

norsu
ሓርማዝ

kenguru
ካንጋሩ

sarvikuono
ሓሪሽ

gorilla
ጉሪላ

karhu
ድቢ

kameli

ገመል

strutsi

ሰገን

leijona

ኣንበሳ

apina

ህበይ

flamingo

ፍላሚንጎ

papukaija

ሕንጻይ

jääkarhu

ድቢ በረድ

pingviini

ፒንጉን

hai

ከልቢ ዓሳ

riikinkukko

ጣውስ

käärme

ተመን

krokotiili

ሓርገጽ

eläintarhanhoitaja

ሓላዊ ቤት ገርድሽ

hylje

ዓሳ ዚምገብ እንስሳ ባሕሪ

jaguaari

ጃጓር

poni

ሓጺር ፈረስ

leopardi

ነብሪ

virtahepo

ጉማረ

kirahvi

ጂራፍ

kotka

ሊላ

villisika

መፍለስ

kala

ዓሳ

kilpikonna

ጎብየ

mursu

ዋልሩስ

kettu

ወኻርያ

gaselli

ሰስሓ

urheilu

ስፖርት

aktiviteetit
ንጥፈታት

hypätä
ነጠረ

halata
ሓቖፈ

nauraa
ሰሓቐ

kävellä
ከደ

laulaa
ደረፈ

unelmoida
ሓለመ

rukoilla
ጸለየ

suudella
ሰዓመ

kirjoittaa

ጸሓፈ

piirtää

ሰኣለ

näyttää

ኣርኣየ

painaa

ደፍአ

antaa

ሃበ

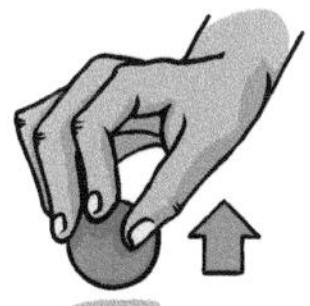

ottaa

ወሰደ

omistaa

አለወ

tehdä

ገበረ

olla

ኮነ

seisoa

ጠጠው በለ

juosta

ጎየየ

vetää

ሰሓበ

heittää

ሰንደወ

kaatua

ወደቐ

maata

ሓሰወ

odottaa

ተጸበየ

kantaa

ሰከም

istua

ኮፍ በለ

pukeutua

ተኸድነ

nukkua

ደቀሰ

herätä

ተስአ

katsoa
....
ረኣየ

itkeä
....
በኸየ

silittää
....
ብኣጻብዑ ደረዘ

kammata
....
መሸጠ

puhua
....
ተዛረበ

ymmärtää
....
ተረድአ

kysyä
....
ሓተተ

kuunnella
....
ሰምዐ

juoda
....
ሰተየ

syödä
....
በልዐ

siivota
....
ኣቐመጠ

rakastaa
....
ኣፍቀረ

keittää
....
ከሸነ

ajaa
....
ዘወረ

lentää
....
ነፈረ

purjehtia

ብመርከብ ገየሸ

laskea

ደመረ

lukea

ኣንበበ

oppia

ተመሃረ

työskennellä

ሰርሐ

mennä naimisiin

መርዓወ

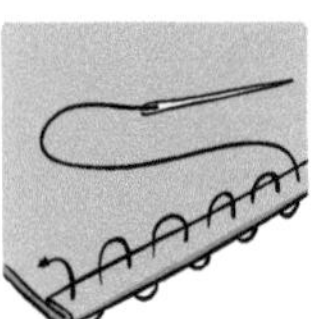

ommella

ሰፈየ

pestä hampaat

ጽሬት ኣስናን

tappaa

ቀተለ

tupakoida

ሽጋራ ተከኸ

lähettää

ሰደደ

perhe

ስድራቤት

mummo
ዓባየ

ukki
ኣቦሓጎ

isä
ኣቦ

äiti
ኣደ

vauva
ማማይ

tytär
ጓል

poika
ወዲ

vieras

ጋሻ

täti

ሓትኖ

setä

ኣኮ

veli

ሓው

sisko

ሓፍቲ

vartalo

ኣካላት

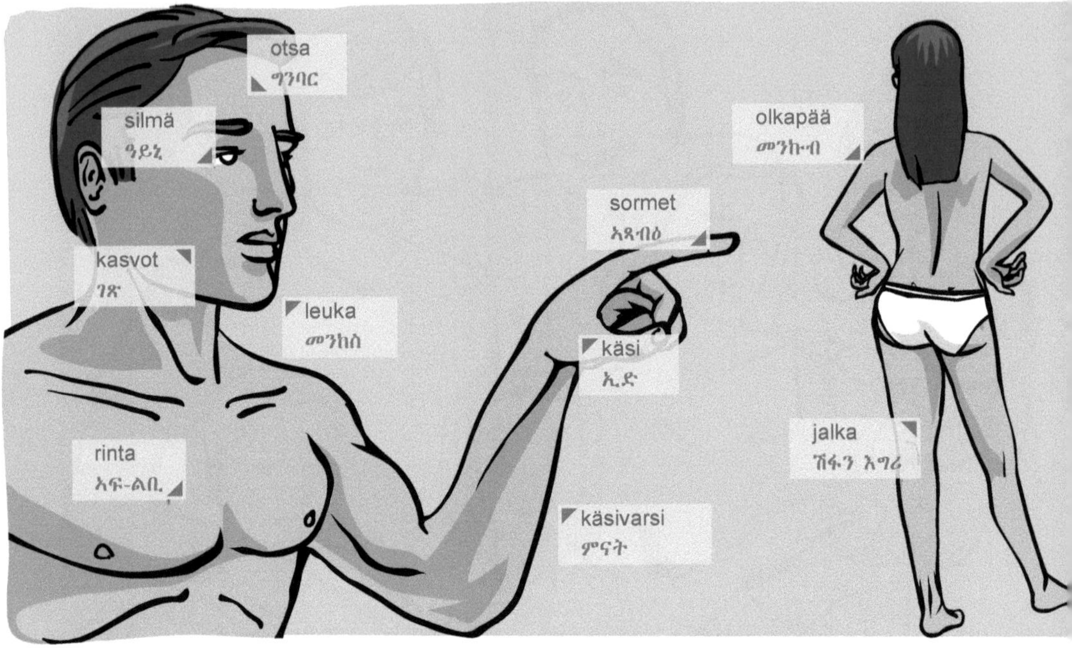

otsa
ግንባር

silmä
ዓይኒ

olkapää
መንኲብ

sormet
ኣጻብዕ

kasvot
ገጽ

leuka
መንከስ

käsi
ኢድ

jalka
ሽፋን እግሪ

rinta
ኣፍ-ልቢ

käsivarsi
ምናት

vauva
ማማይ

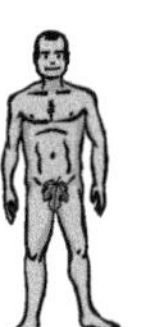

mies
ሰብኣይ

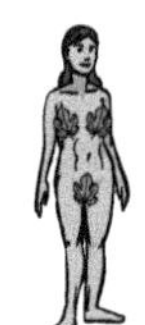

nainen
ሰበይቲ

tyttö
ጓል

poika
ወዲ

pää
ርእሲ

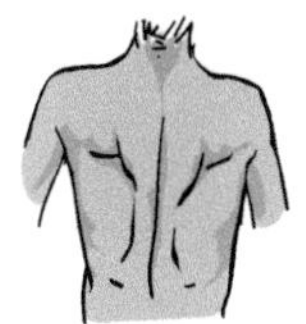

selkä

ሕቖ

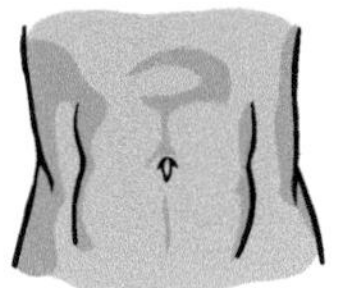

maha

ከስዐ

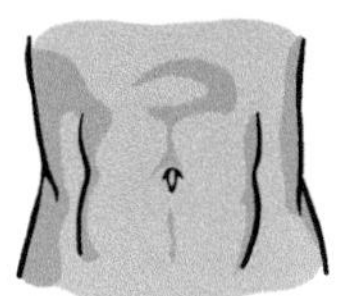

napa

ሕምብርቲ

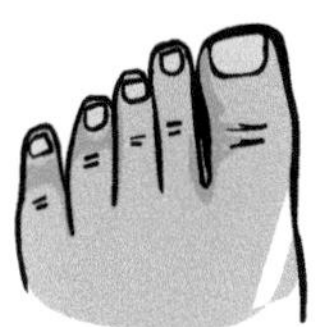

varvas

ኣጻብዕ እግሪ

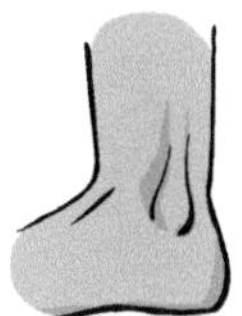

kantapää

ኩርኾረ

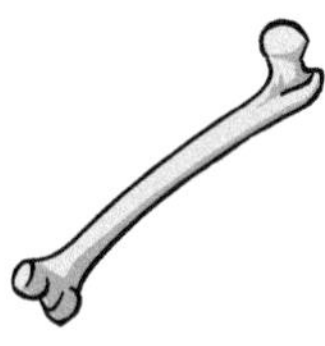

luu

ዓጽሚ

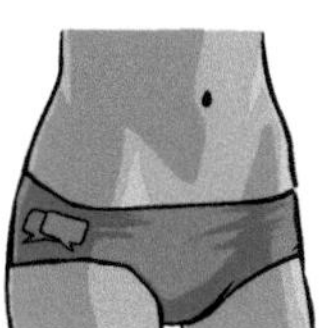

lantio

ምሕኵልቲ

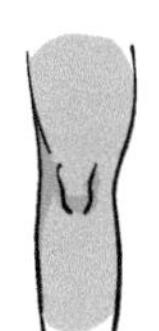

polvi

ብርኪ

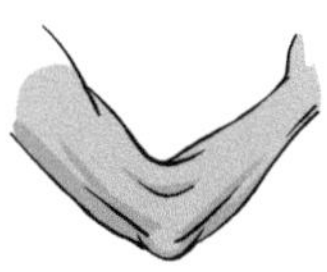

kyynärpää

ፎግፎጐ

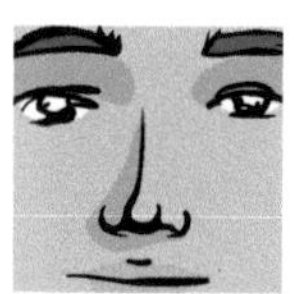

nenä

ኣፍንጫ

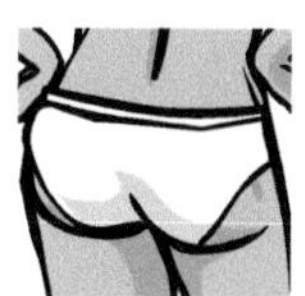

takapuoli

መዓኮር

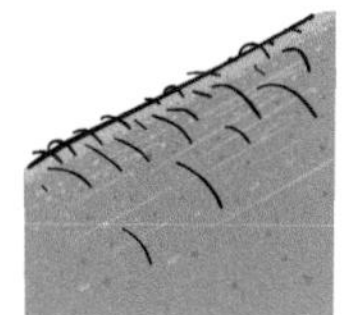

iho

ቆርበት

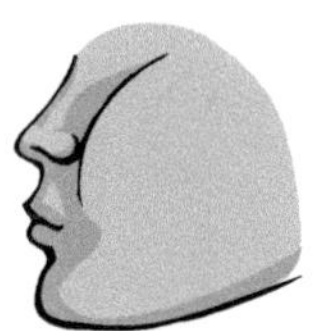

poski

ምዕጉርቲ

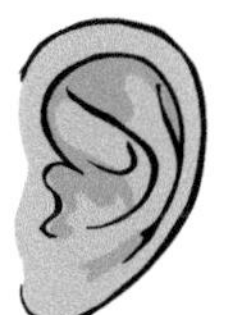

korva

እዝኒ

huuli

ከንፈር

suu

አፍ

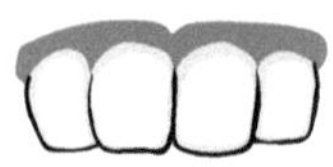

hammas

ስኒ

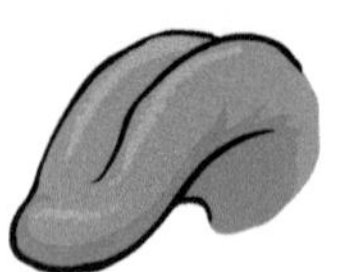

kieli

መልሓስ

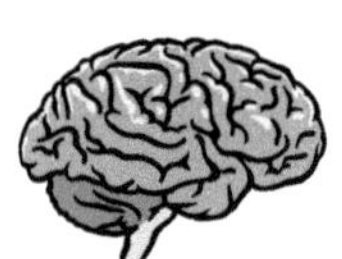

aivot

ሓንጎል

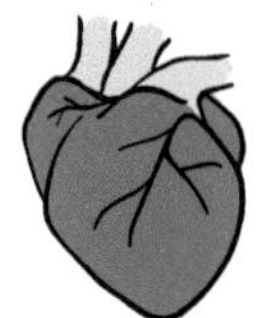

sydän

ልቢ

lihas

ጭዋዳ

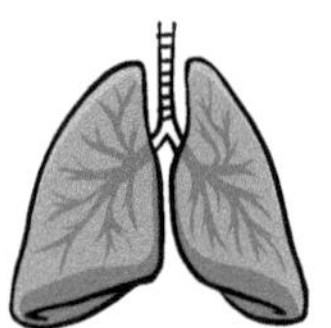

keuhkot

ሳንቡእ

maksa

ጸላም ከብዲ

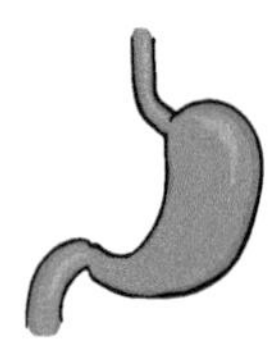

vatsa

ከብዲ

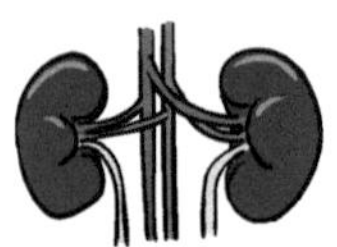

munuaiset

ኵሊት

seksi

ግብረ ስጋ

kondomi

ኮንዶም

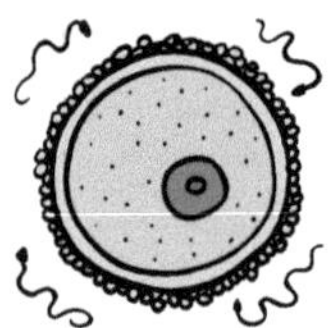

munasolu

እንቋቍሖ

sperma

ዘርኢ ተባዕታይ

raskaus

ጥንሲ

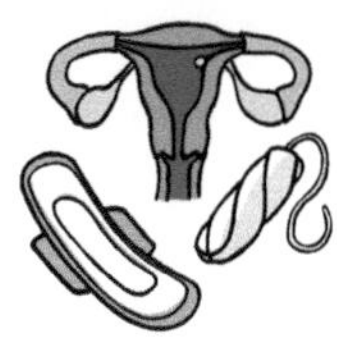

kuukautiset

ጽግያት

vagina

ርሕሚ

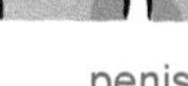

penis

መትሎ

kulmakarvat

ሽፋሽፍቲ

hiukset

ጸግሪ

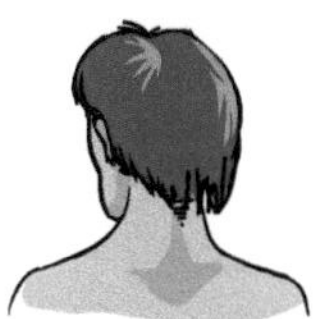

niska

ክሳድ

sairaala

ሆስፒታል

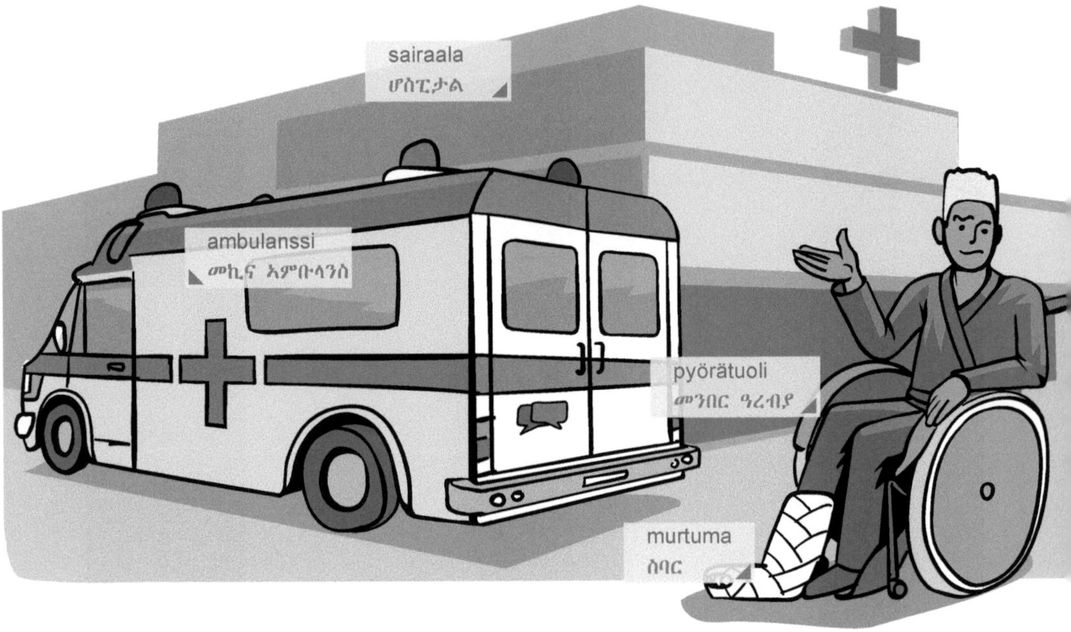

sairaala
ሆስፒታል

ambulanssi
መኪና ኣምቡላንስ

pyörätuoli
መንበር ዓረብያ

murtuma
ስባር

lääkäri

ሓኪም

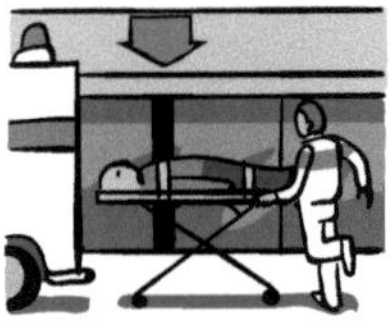

ensiapu

ክፍሊ ህጹጽ ረድኤት

sairaanhoitaja

ኣላይት

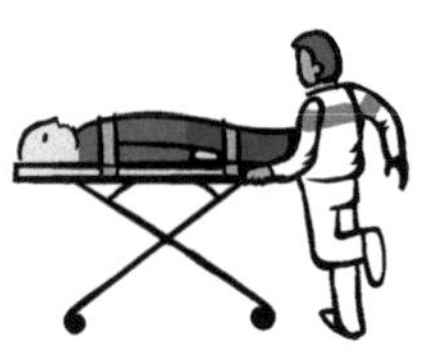

hätätilanne

ህጹጽ ኩነት

tajuton

ውንኡ ዘጥፍአ

kipu

ቃንዛ

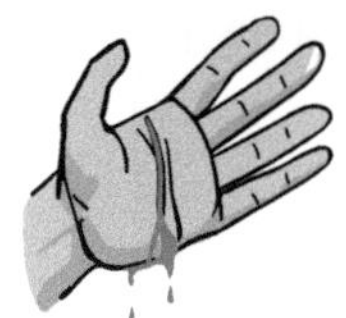

vamma

ጉድኣት

verenvuoto

ደም

sydänkohtaus

ማህረምቲ

aivoinfarkti

ማህረምቲ

allergia

ኣለርጂ

yskä

ሰዓል

kuume

ረስኒ

flunssa

ኡንፍልወንዛ

ripuli

ውጽኣት

päänsärky

ቃንዛ ርእሲ

syöpä

መንሸሮ

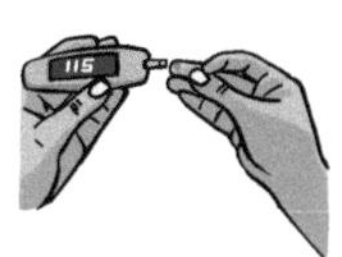

diabetes

ሹኮርያ

kirurgi

ሓኪም መጥባሕቲ

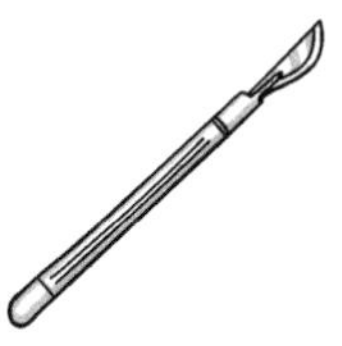

veitsi

መጥብሒ

leikkaus

መጥባሕቲ

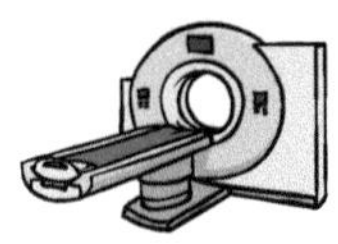

ct

CT

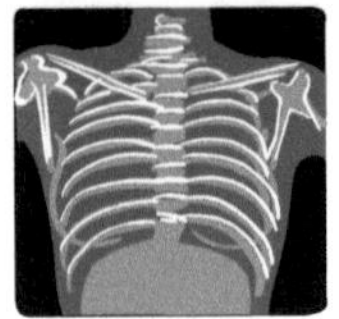

röntgen

ራጂ

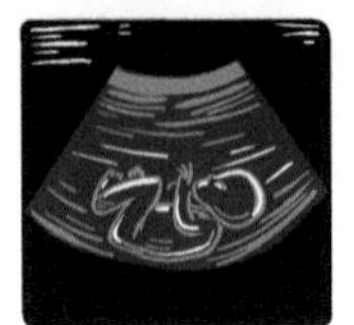

ultraääni

ልዕለ ድምጻዊ

maski

መሸፈኒ ገጽ

sairaus

ሕማም

odotushuone

ክፍሊ ምጽባይ

sauva

ምርኩስ

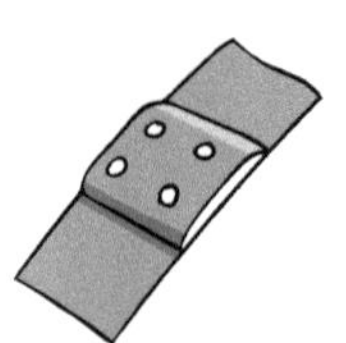

laastari

መጀነኒ ቑስሊ

side

መጀነኒ

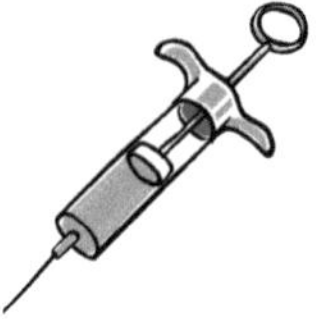

pistos

መርፍዕ ምውጋእ

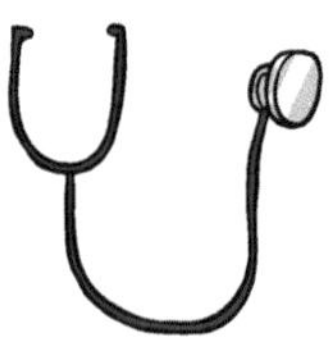

stetoskooppi

ስተቶስኮፕ

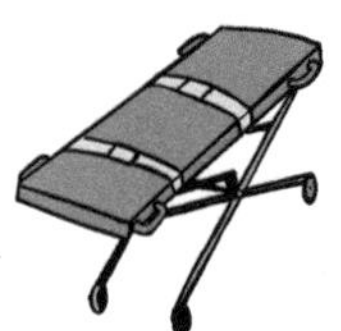

paarit

መሰከሚ ሕማም

kuumemittari

ቴርሞመተር

syntymä

ትውልዲ

ylipaino

ልዕለ-ሚዛን

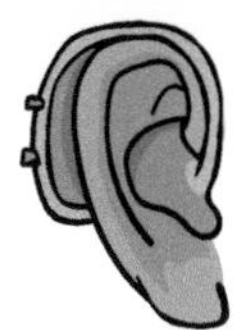

kuulolaite

ሓገዝ ምስማዕ

desinfiointiaine

ኣንጻሂ

infektio

ልበዳ

virus

ቫይረስ

HIV / AIDS

ኤድስ

lääke

ሕክምና

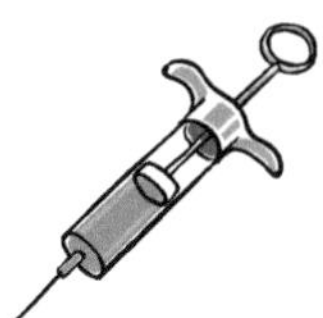

rokotus

ክታበ

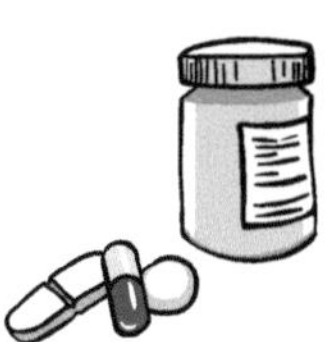

tabletit

ከኒና

pilleri

ከኒና

hätäpuhelu

ህጹጽ ምድዋል

verenpainemittari

መዕቀኒ ጸቕጢ ደም

sairas / terve

ሕሙም / ጥዑይ

hätätilanne

ህጹጽ ኩነት

Apua!

ሓገዝ

hälytys

ኣላርም

ryöstö

ምህጃም

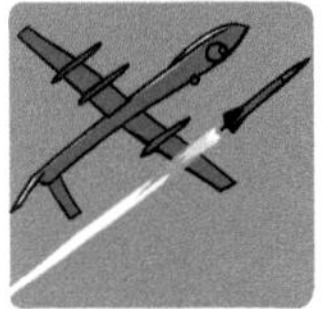

hyökkäys

መጥቃዕቲ

vaara

ድንገት

hätäuloskäynti

ህጹጽ መውጽኢ

Tulipalo!

ሓዊ!

palosammutin

መጥፍኢ ሓዊ

onnettomuus

ሓደጋ

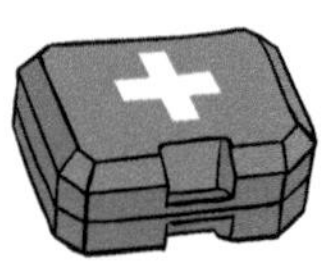

ensiapulaukku

ሳንጣ ቀዳማይ ረድኤት

SOS

SOS

poliisilaitos

ፖሊስ

maa

ምድሪ

Eurooppa

ኤውሮጳ

Pohjois-Amerikka

ሰሜን ኣመሪካ

Etelä-Amerikka

ደቡብ ኣመሪካ

Afrikka

ኣፍሪቃ

Aasia

ኤስያ

Australia

ኣውስትራልያ

Atlantin valtameri

ኣትላንቲክ

Tyynimeri

ፓሲፊክ

Intian valtameri

ህንዳዊ ዉቕያኖስ

Eteläinen jäämeri

ኣንታርቲካዊ ዉቕያኖስ

Pohjoinen jäämeri

ኣርክቲካዊ ዉቕያኖስ

pohjoisnapa

ሰሜናዊ ዋልታ

etelänapa

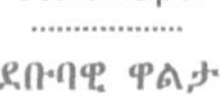

ደቡባዊ ዋልታ

Antarktis

ኣንታርቲካ

maa

ምድሪ

maa

መሬት

meri

ባሕሪ

saari

ደሴት

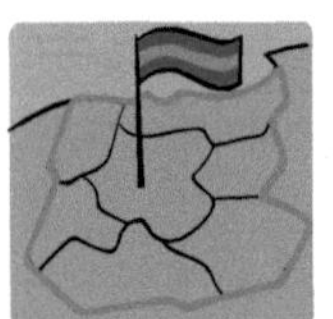

kansa

ሃገር

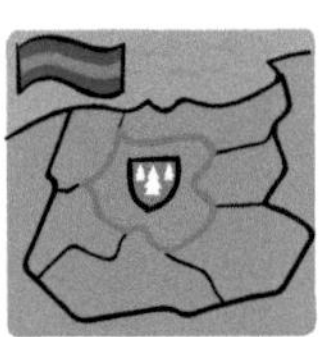

osavaltio

ዓዲ

kellotaulu

ገጽ ሰዓት

tuntiviisari

ኣመልካቲ ሰዓታት

minuuttiviisari

ኣመልካቲ ደቓይቕ

sekuntiviisari

ኣመልካቲ ካልኢት

Paljonko kello on?

ሰዓት ክንደይ ኣሎ?

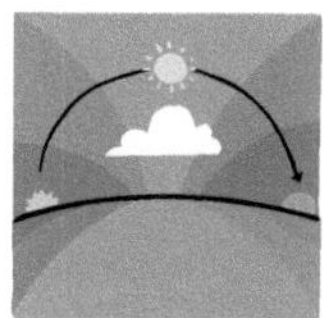

päivä

መዓልቲ

aika

ግዜ

nyt

ሕጂ

digitaalikello

ዲጂታል ሰዓት

minuutti

ደቒቕ

tunti

ሰዓት

viikko

ሰሙን

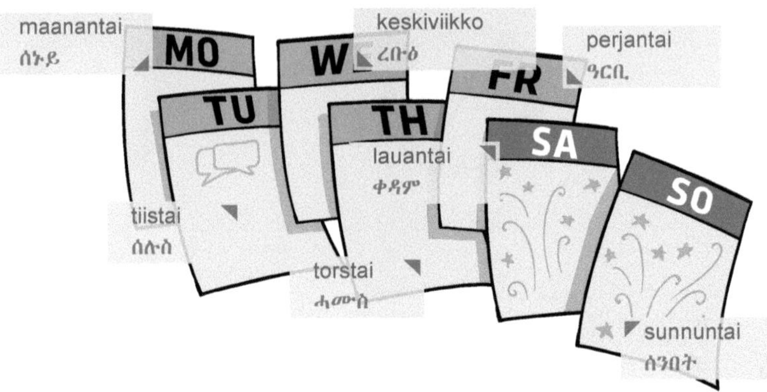

eilen

ትማሊ

tänään

ሎሚ

huomenna

ጽባሕ

aamu

ንጉሆ

keskipäivä

ቀትሪ

ilta

ምሸት

MO	TU	WE	TH	FR	SA	SU
1	2	3	4	5	6	7
8	9	10	11	12	13	14
15	16	17	18	19	20	21
22	23	24	25	26	27	28
29	30	31	1	2	3	4

työpäivät

መዓልታት ስራሕ

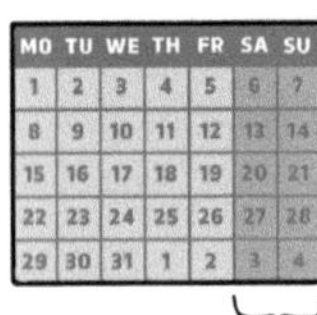

viikonloppu

መወዳእታ ሰሙን

vuosi

ዓመት

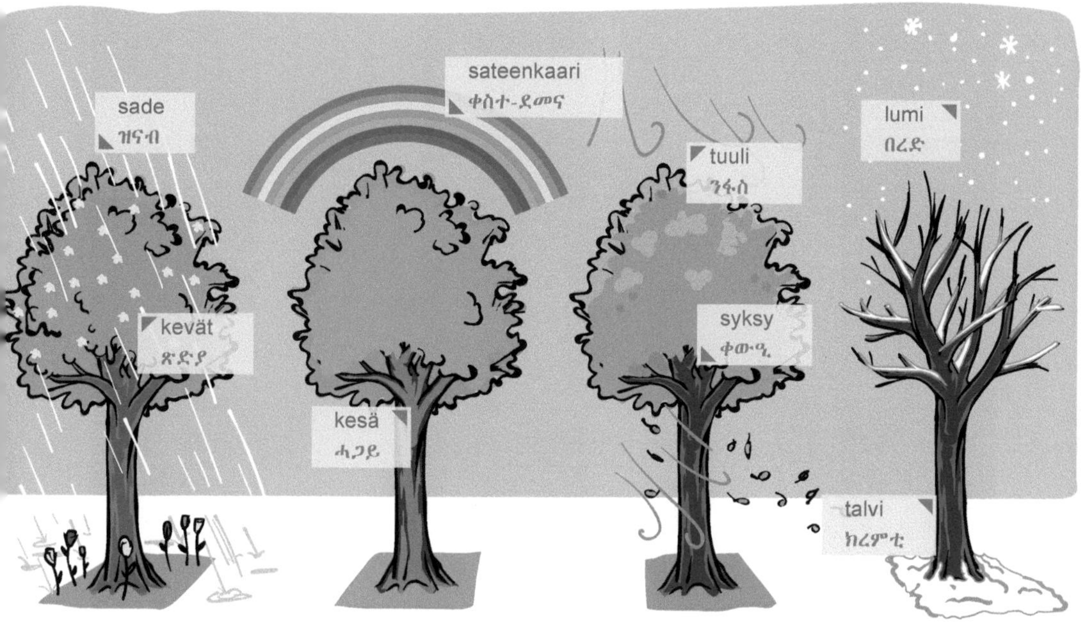

sade
ዝናብ
sateenkaari
ቀስተ-ደመና
tuuli
ንፋስ
lumi
በረድ
kevät
ጽድያ
kesä
ሓጋይ
syksy
ቀውዒ
talvi
ክረምቲ

4.APRIL 11°
5.APRIL 4°
6.APRIL 13°
7.APRIL 8°
8.APRIL 10°

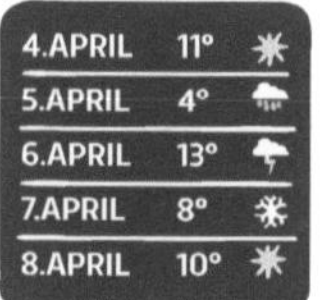

sääennuste

ትንቢት ኩነታት ኣየር

F C
120 40
90 30
60 20
30 10
0 0
-30 -10
-20

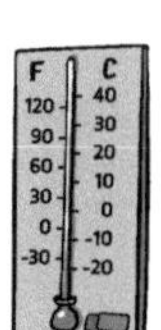

lämpömittari

ቴርሞመተር

auringonpaiste

ብርሃን ጸሓይ

pilvi

ደበና

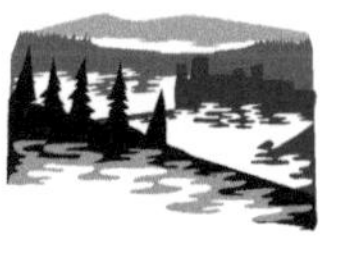

sumu

ግመ

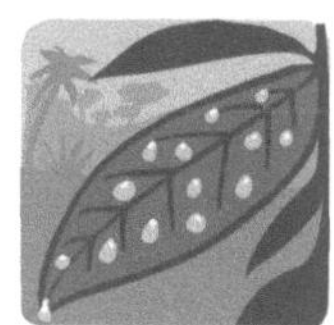

ilmankosteus

ጠሊ

salama

ብርቂ

ukkonen

ነጎዳ

myrsky

ህቦብላ

rae

በረድ

monsuuni

ብርቱዕ ህቦብላ

tulva

ውሕጅ

jää

በረድ

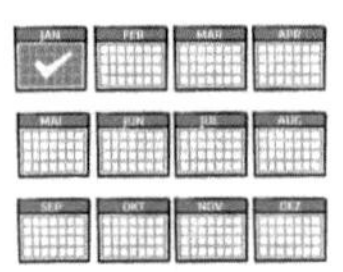

tammikuu

ጥሪ

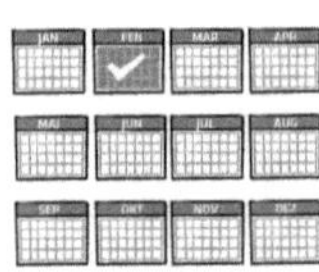

helmikuu

ለካቲት

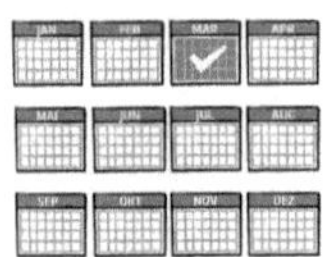

maaliskuu

መጋቢት

huhtikuu

ሚያዝያ

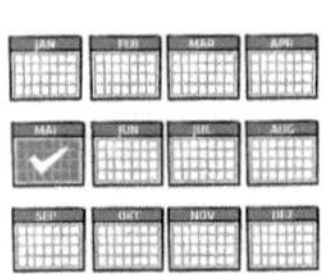

toukokuu

ግንቦት

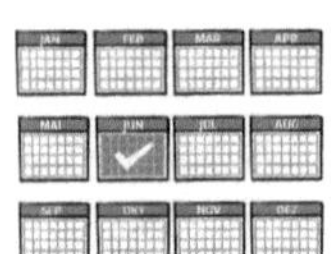

kesäkuu

ሰነ

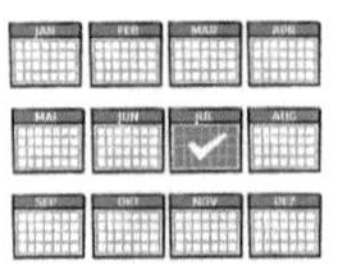

heinäkuu

ሓምለ

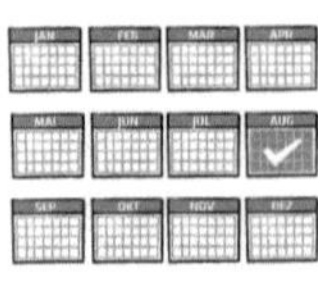

elokuu

ነሓሰ

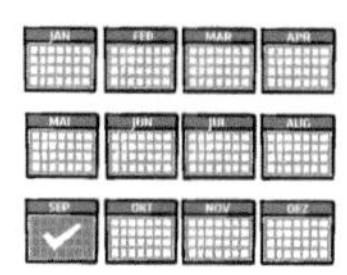

syyskuu

መስከረም

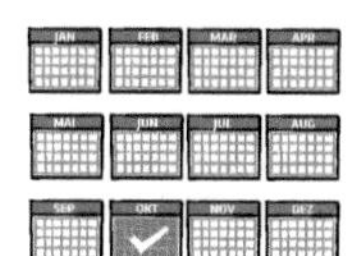

lokakuu

ጥቅምቲ

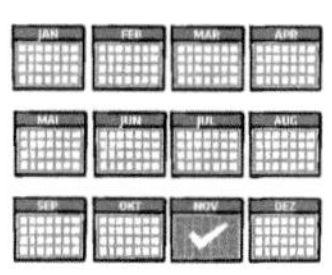

marraskuu

ሕዳር

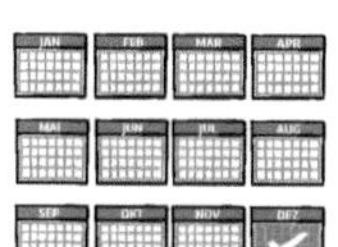

joulukuu

ታሕሳስ

muodot

ቅርጽታት

ympyrä

ዙርያ

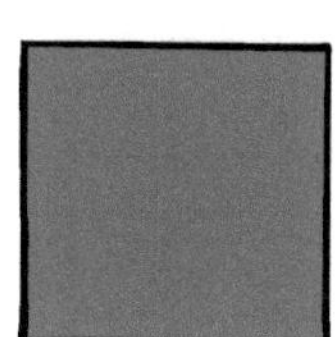

neliö

ትርብዒት

suorakulmio

ቅኑዕ ርቡዕ ኩርናዕ

kolmio

ስሉስ ኩርናዕ

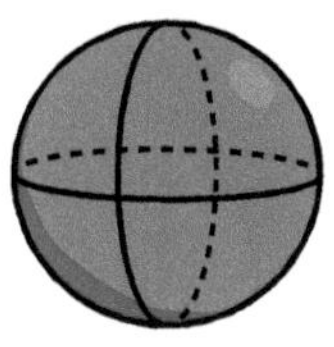

pallo

ክቢ

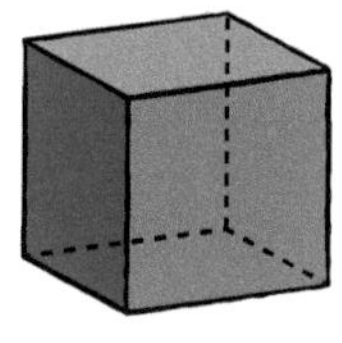

kuutio

ኩቦ

värit

ሕብርታት

valkoinen

ጻዕዳ

keltainen

ብጫ

oranssi

ኣራንሺ

vaaleanpunainen

ፒንክ

punainen

ቀይሕ

violetti

ጁኽ

sininen

ሰማያዊ

vihreä

ቀጠልያ

ruskea

ቡናዊ

harmaa

ሓሙኽሽታይ

musta

ጸሊም

paljon / vähän

....

ብዙሕ / ውሑድ

vihainen / ystävällinen

....

ሕሩቕ / ሰላማዊ

kaunis / ruma

....

ጽቡቕ / ክፉእ

alku / loppu

....

መጀመርያ / መወዳእታ

suuri / pieni

....

ዓቢ / ንእሽቶ

vaalea / tumma

....

ብሩህ / ጸልማት

veli / sisko

....

ሓው / ሓፍቲ

puhdas / likainen

....

ጽሩይ / ርሳሕ

täydellinen / epätäydellinen

....

ምሉእ / ዘይምሉእ

päivä / yö

....

መዓልቲ / ለይቲ

kuollut / elävä

....

ሙዉት / ህልው

leveä / kapea

....

ሰፊሕ / ጸቢብ

syötävä / syömäkelvoton

ደስ ዘበል / ደስ ዘይብል

paha / kiltti

እኩይ / ህያዋይ

innostunut / tylsistynyt

ርቡጽ / ስልኩይ

lihava / laiha

ረጊድ / ቀጢን

ensimmäinen / viimeinen

ቀዳማይ / ናይ መወዳእታ

ystävä / vihollinen

ዓርኪ / ጸላኢ

täysi / tyhjä

ምሉእ / ባዶ

kova / pehmeä

ተሪር / ልስሉስ

painava / kevyt

ከቢድ / ፈኲስ

nälkä / jano

ጥምየት / ጽምየት

sairas / terve

ሕሙም / ጥዑይ

laiton / laillinen

ዘይሕጋዊ / ሕጋዊ

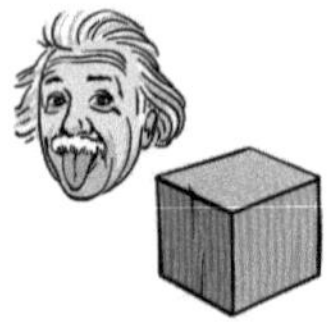

älykäs / tyhmä

መስተውዓሊ / ስዲ

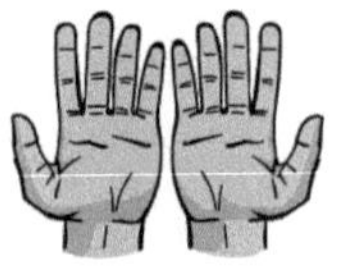

vasen / oikea

ጸጋም / የማን

lähellä / kaukana

ቐረባ / ርሑቕ

uusi / käytetty
....
ሓዲሽ / ብሉይ

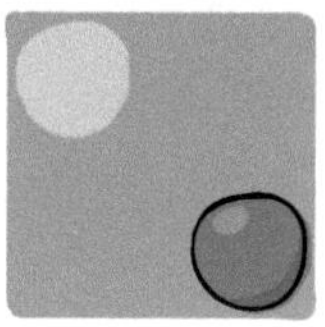

ei mitään / jotain
....
ዋላ ሓደ / ገለ

vanha / nuori
....
ዓቢ/ኣረጊት / መንእሰይ

päällä / pois päältä
....
ወልዕ / ኣጥፍእ

auki / kiinni
....
ክፉት / ዕጹው

hiljainen / äänekäs
....
ህዱእ / ዓው

rikas / köyhä
....
ሃብታም / ድኻ

oikein / väärin
....
ቅኑዕ / ግጉይ

karhea / sileä
....
ሓርፋፍ / ልሙጽ

surullinen / iloinen
....
ጉሁይ / ሕጉስ

lyhyt / pitkä
....
ሓጺር / ነዊሕ

hidas / nopea
....
ቀስ / ቅልጡፍ

märkä / kuiva
....
ጥሉል / ንቑጽ

lämmin / viileä
....
ምዉቕ / ዝሑል

sota / rauha
....
ውግእ / ሰላም

numerot

ቁጽርታት

0

nolla

ዜሮ

1

yksi

ሓደ

2

kaksi

ክልተ

3

kolme

ሰለስተ

4

neljä

ኣርባዕተ

5

viisi

ሓሙሽተ

6

kuusi

ሽዱሽተ

7

seitsemän

ሸውዓተ

8

kahdeksan

ሸሞንተ

9

yhdeksän

ትሽዓተ

10

kymmenen

ዓሰርተ

11

yksitoista

ዓሰርተ ሓደ

12

kaksitoista

ዓሰርተ ክልተ

13

kolmetoista

ዓሰርተ ሰለስተ

14

neljätoista

ዓሰርተ ኣርባዕተ

15

viisitoista

ዓሰርተ ሓሙሽተ

16

kuusitoista

ዓሰርተ ሽዱሽተ

17

seitsemäntoista

ዓሰርተ ሸውዓተ

18

kahdeksantoista

ዓሰርተ ሸሞንተ

19

yhdeksäntoista

ዓሰርተ ትሽዓተ

20

kaksikymmentä

ዕስራ

100

sata

ሚእቲ

1.000

tuhat

ሽሕ

1.000.000

miljoona

ሚልዮን

kielet

ቋንቋታት

englanti

እንግሊዝኛ

amerikanenglanti

ኣመሪካዊ እንግሊዛዊ

mandariinikiina

ቻይናዊ ማንዳሪን

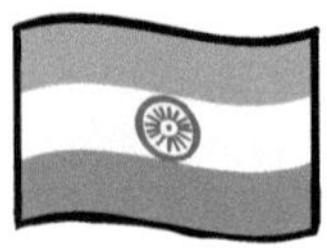

hindi

ሂንዳዊ

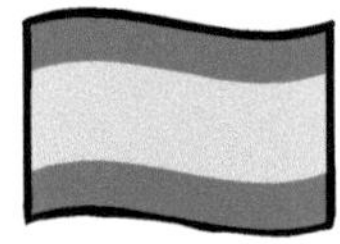

espanja

እስጳኛዊ

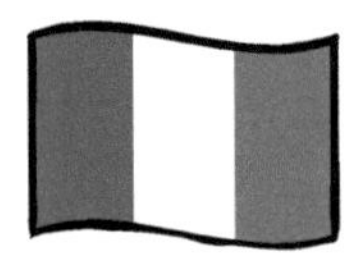

ranska

ፈረንሳዊ

arabia

ዓረባዊ

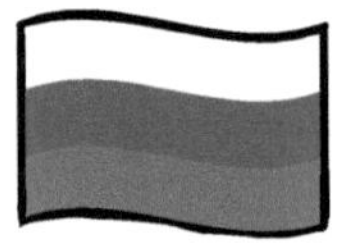

venäjä

ሩሲያዊ

portugali

ፖርቱጋላዊ

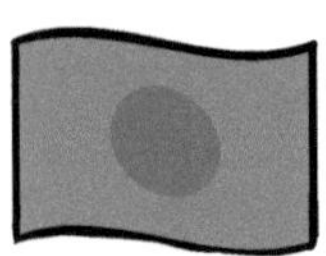

bengali

በንጋሊ

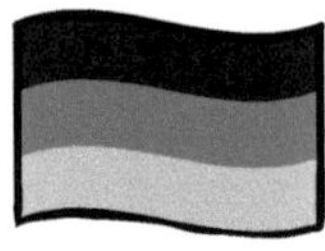

saksa

ጀርመናዊ

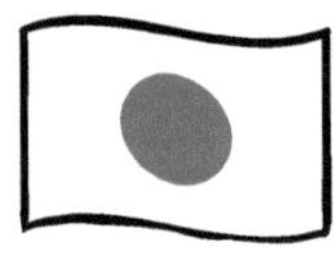

japani

ጃፓናዊ

kuka / mitä / miten

መን / እንታይ / ከመይ

minä

ኣነ

sinä

ንስኻ/ኺ

hän

ንሱ / ንሳ / ንሱ

me

ንሕና

te

ንስኻ

he

ንሳቶም

kuka?

መን?

mitä / mikä?

እንታይ?

miten?

ከመይ?

missä?

ኣበይ?

milloin?

መዓስ?

nimi

ሽም

missä

ኣበይ

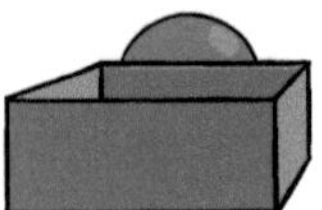

takana

ድሕሪ

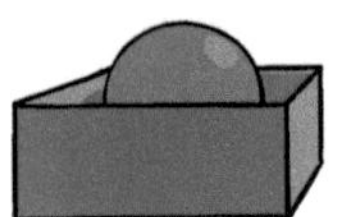

sisällä

ኣብ

edessä

ኣብ ቅድሚ

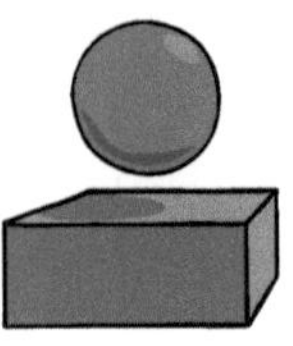

yläpuolella

ኣብ ላዕሊ

päällä

ኣብ ልዕሊ

alapuolella

ትሕቲ ምድሪ

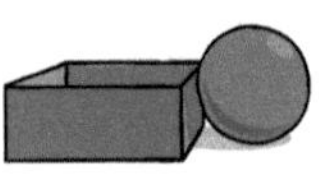

vieressä

ኣብ ጥቓ

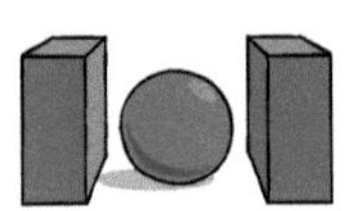

välissä

ኣብ መንጎ

paikka

ቦታ